Dʳ CHASSAGNE

HISTOIRE POPULAIRE

DES COUPS D'ÉTAT

EN

FRANCE

18 BRUMAIRE — 2 DÉCEMBRE — 16 MAI 1877 — 1888-89

LE GÉNÉRAL **BOULANGER**

Les Droits de l'Homme
non les Droits « **d'un Homme !** »

QUATRIÈME ÉDITION

1 FRANC

(Voir les Plan, Table et Divisions au dos de la couverture)

PARIS

E. DENTU, Éditeur

LIBRAIRE DE LA SOCIÉTÉ DES GENS DE LETTRES

3, place de Valois, Palais-Royal

Dʳ CHASSAGNE

HISTOIRE POPULAIRE

DES COUPS D'ÉTAT

EN

FRANCE

18 BRUMAIRE — 2 DÉCEMBRE — 16 MAI 1877 — 1888-89

LE GÉNÉRAL BOULANGER

**Les Droits de l'Homme
non les Droits « d'un Homme ! »**

1 FRANC

(Voir les Plan, Table et Divisions au dos de la couverture)

PARIS

E. DENTU, Éditeur

LIBRAIRE DE LA SOCIÉTÉ DES GENS DE LETTRES

3, place de Valois, Palais-Royal

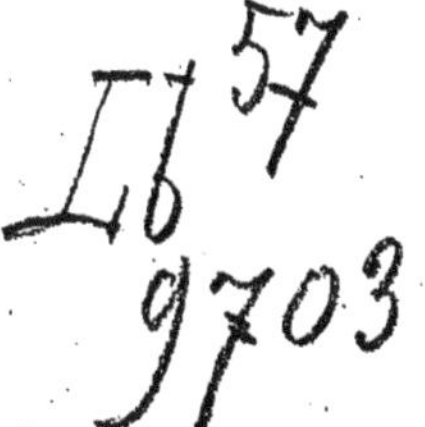

AUX RÉPUBLICAINS DE FRANCE !

Le succès des éditions déjà parues a nécessité cette édition nouvelle augmentée de faits nouveaux.

Comme nous le disions naguère, les **Coups d'Etat** gagnent à ne pas être connus. Brumaire, 2 Décembre, 16 Mai, Boulangisme, toutes ces tentatives de même famille perdent quelque peu de leur parenté pour le grand Public par ce qu'il faut s'en créer l'assemblage individuel, la leçon personnelle à travers une foule d'ouvrages divers. La distance brouille les lignes, les ressemblances flottent, échappent, *l'atavisme* se dérobe de ces effractions, toujours les mêmes.

On prend pour des commencements — les recommencements de l'Histoire.

Aucune étude comparative *de près*, de ces Coups d'Etat de *fac-simile*, n'a été faite que nous sachions pour en déduire par **confrontation** la marche, le tour de main, le procédé identique, la « recette » pour ainsi dire.

Il nous a paru que ce *Signalement* pouvait être utile en nombre de cas, et — *d'actualité*.

En effet, ce sont les masses, les Travailleurs, que l'on compte aujourd'hui comme hier gàgner par de jolies promesses de la veille au joug de demain.

Et ce paysan, et cet ouvrier, qui ont la franchise française de ne pas voir, à travers les mots d'ordre identiques — *Dissolution parlementaire* et *Revision* — d'identiques convoitises de mise en poche des places, traitements et Budget du Pays, avec spoliation de nos **Droits de l'Homme**.

Et un Parlement — qui ne parle pas.

Heureusement aujourd'hui ces frères ne sont plus des illettrés; beaucoup parmi eux discutent, pèsent, jugent, parlent ou même écrivent en leur milieu, rayonnent sur leurs entours.

Pour ces héros, porte-paroles du *village* et de l'*atelier*, qui trouveront en gros le travail assemblé et thème à légitime défense républicaine, nous avons voulu prendre les Coups d'Etat en flagrant délit de calque et rendre leur *copie* tangible par le « face à face » des faits.

Ce qui les renvoie piteusement « dos à dos ».

Le grand jour et la lunette d'approche sont mortels à ces Sosies dont le confus perd à l'analyse et aux lumières.

C'est dans ce but loyal « d'éclairage public » que tous les ouvrages, mémoires, journaux, plaquettes et même *pièces* des époques diverses, ont été interrogés en une recherche de cinq mois qui a permis la « revivification » de faits inédits ou peu connus.

Toutes les sources sont indiquées pour contrôle, et à l'ordinaire de ces sélections documentaires, *il a été long de faire court.*

Les divisions s'imposaient de **Avant** le Coup d'Etat, **Pendant** et **Après**, pour l'état-civil et le dossier judiciaire de ces crimes « par imitation. »

Le lecteur remarquera surtout la façon leste dont furent révisées par deux fois dans l'intérêt « d'un homme », quand on avait juré de le faire dans l'intérêt de la *République :*

Les Constitutions de l'an 3 en l'an 8.

Et de 1848 en 1852 (V. p. 30 et 31).

Ce Sypnotique de « Révision à bénéfice» est instructif.

Sans doute la taille des « Sauveurs » va se rapetissant en diminutifs et le sabre turc de Brumaire en sabre de bois ; sans doute aussi, au xxe siècle, alors que grandies de douze ans, la **République** et ses libertés seront devenues aussi « vitales » que le pain et l'air eux-mêmes, il naîtra des étonnements qu'il ait fallu tant de fortifications et précautionner le **citoyen** contre le **sujet**.

Cela se perdra dans les brumes d'une servilité préhistorique et d'une fabuleuse Archéologie.

Mais aujourd'hui—à la veille des **Élections de 1889,** en face de cette concentration masquée de tous les ennemis de la République sur le nom d'un homme qui crie « Vive la République », il importe de ne pas se *dégarder,* de recommencer la campagne défensive de plume, de parole, de conférences, d'envois de journaux et brochures, de vulgarisation pratique, qui amena au **16 mai** la victoire des **363**.

C'est pour cette Vulgarisation, qui sera comprise par

tous ceux qui veulent, avec l'anniversaire, l'acclamation du Centenaire de 89, et non seulement fête publique, mais fête de la République avec des lendemains de liberté et de victoire électorale, que ce livre a été écrit, dédié aux Travailleurs, — nos frères des campagnes et des villes.

Ceux qu'on se flatte de mener comme on les mena jadis — avec les menées que nous disons.

Chassagne.

AVANT LE

18 Brumaire 1799.	2 Décembre 1851.
1ʳᵉ et 2ᵉ invasion.	*3ᵉ invasion.*

1ᵒ RAPETISSEMENT GRADUEL

Napoléon-le-Grand.	Napoléon-le-Petit.

2ᵒ ANTÉCÉDENTS

Bonaparte avait déjà tiré le canon dans les rues de Paris, le 5 octobre 1795 ; il avait appris « le métier de roi » en Egypte.	Pronunciamientos militaires de Strasbourg, 3 octobre 1836 ; — de Boulogne, 4 août 1840.

3ᵒ CEUX QUI COMBATTENT

Arena, Moulins, Bernadotte, Jourdan, Gohier, Destrem, Talot. Grandmaison, Marquézy, Bigonnet, Delbrel, *Clémenceau*, général Lamarque, etc.	Victor Hugo, Baudin, Dussoubs, *Madier de Montjau*, *Schœlcher*, Testelin. Colonel Charras, général Leflô, Quinet, Hetzel, Greppo, *Raspail*, etc.

4ᵒ CEUX QUI

Fouché, Sieyés, Talleyrand, Lucien, Joseph et Louis Bonaparte, Regnault (de Saint-Jean-d'Angély), Marmont. Rœderer (1), Cambacérès, *Devinck*, Cornet, *Cornudet*, *Boulay* (de la Meurthe).	Fleury, Espinasse, *Maupas*, Magnan, Saint-Arnaud, Randon, Regnault de Saint-Jean-d'Angély. Vieyra, Baroche, *Devinck*, *Ladoucette*, *Cornudet*, *Boulay* (de la Meurthe), *de Rochebouët*.

---

(1) Qui « serpentait » toujours entre les partis (Mallet du Pan).

COUP D'ÉTAT

<table>
<tr><td>

16 Mai 1877.

A avorté.

</td><td>

1888-89.

Avortera.

</td></tr>
</table>

DES « SAUVEURS » DE LA RÉPUBLIQUE

Un maréchal.

Un général retraité d'office.

DE CES « SAUVEURS »

Première campagne de restauration monarchique, du 5 août au 19 novembre 1873. — Pèlerinages (1), cantiques, « Sauvez la France au nom du Sacré-Cœur ».

Lettres à « Monseigneur le duc d'Aumale ».

LES « SAUVEURS PLÉBISCITAIRES »

Gambetta, *Floquet, Madier de Montjau, Schœlcher, Clémenceau, A. de la Forge,* Lockroy, Martin Nadaud, Deschanel, *Raspail* père et fils ; tous les *363*.

Colonel Denfert-Rochereau, général Aymard, major Labordère.

Floquet, Madier de Montjau, Schœlcher, Clémenceau, A. de la Forge, tous les républicains de la Chambre, sauf 12. Conseil municipal de Paris. Majorité de la Ligue des Patriotes, 21 avril. Société des droits de l'Homme et du citoyen, 23 mai. Ligue anti-plébiscitaire. Républicains de toutes nuances, Vaillant, Joffrin, Allemane, Cluseret.

LES SOUTIENNENT

De Rochebouët, Ducrot, Bourbaki, de Broglie, Caillaux, Brunet, Paris, Jérôme David, Chevreau, *Ladoucette, Cunéo d'Ornano, de Cassagnac.*

Léandri, *Maupas, E. Ollivier,* princes Jérôme et Victor, comte de Paris, « Union des Droites » :

Loyson-Hyacinthe, du Barrail, *Cunéo d'Ornano, de Cassagnac* (11 avril 1888). « Ce « que fait M. Boulanger tourne fatalement « contre la République en faveur des con- « servateurs, vers lesquels il sera forcé- « ment refoulé ; le doute, pour moi, n'est « pas permis, nous serons les seuls, les « uniques bénéficiaires. »

---

(1) Paray-le-Monial. — Il ne paraît pas moins de 51 brochures avec titres : Le Roy, Au Roy, Adresse au Roy, Vive le Roy, et le Roy vint lui-même incognito à Versailles le 18 novembre 1873.

§ I. -- PRÉPARATION IDENTIQUE

18 Brumaire.	2 Décembre.

1° IDENTITÉ

Dissolution et Révision.	*Dissolution et Révision.*

2° MEME MERVEILLEUX ET LÉGENDES

La Redingote grise. Le petit chapeau. Son étoile.	La Redingote grise. Le petit chapeau. L'Aigle de Boulogne.

3° MEME CRAINTE SIMULÉE D'UN « PÉRIL SOCIAL »

Bonaparte aux *Anciens* : « Je ne vous le « cache pas, je ne compte que sur le Conseil « des Anciens, non sur le Conseil des 500 où « se trouvent des hommes qui voudraient « nous rendre la Convention, les Comités « révolutionnaires et les échafauds ».

L'Inspecteur Cornet (plus tard comte Cornet et même pair de Cornet sous la Restauration) :

« Si le Conseil ne met pas la Patrie et « la Liberté au dessus des plus grands « dangers l'embrasement devient général.

« Les Conjurés arrivent en foule à Paris, « ceux qui s'y trouvent n'attendent qu'un « signal pour lever le poignard ».

Appel au Peuple 2 Déc. 1851 :
L'assemblée qui devait-être le plus ferme appui de l'ordre est un foyer de complots. Elle forge des armes pour la guerre civile elle attente au pouvoir que je tiens directement du peuple, elle encourage les mauvaises passions.

Moniteur officiel du 8 déc 1851 :
Considérant que la Société est troublée par les machinations de l'anarchie, par les tentatives insurrectionnelles des affiliés aux sociétés secrètes et des repris de justice.

4° CRAINTE

Crainte de l'affermissement de la République ; Sandoz-Rollin, ambassadeur de Prusse à Paris, écrivait :
« Les victoires de Bergen et surtout de

La fin de *sa* présidence en mai 1852.
En vertu des articles 45 et 46 de la Constitution, il n'était pas rééligible.
« Si la loi laissait aux tuteurs le droit de

DE « L'OPINION »

| 16 mai 1877. | 1888-89. |

DE MOT D'ORDRE

Dissolution et Révision. | *Dissolution et Révision.*

POUR LES MASSES CRÉDULES

L'illustre épée.

L'Etoile de Boulanger. Créance cabalistique à une révolution tous les dix-huit ans : 1830-1848, 1852-1870, 1870-1888.

POUR JUSTIFIER UNE RÉVOLUTION « PAR PRÉCAUTION »

Le Maréchal aux Français : «Je ne saurais obéir aux sommations de la Démagogie, la France ne veut pas plus que moi que nos institutions soient dénaturées par l'action du Socialisme. »

Bourbaki à Guerre : «Pour porter remède à la situation actuelle où la perturbation est jetée dans les esprits *au point de les rendre inconcients du bien et du mal*, il faudrait *épurer* le personnel des diverses administrations des *parquets*, des Justices de paix. On sera amené naturellement à proclamer un jour ou l'autre l'état de siège. »

Ducrot à Guerre : « A Bourges le maintien de *l'ordre* reposera uniquement sur des troupes d'artillerie dont certains éléments sont animés *d'un mauvais esprit* ».

« Je n'ai qu'un désir, voir mon nom servir de ralliement à tous les citoyens pour sortir de l'état *anarchique* dans lequel nous nous enlisons chaque jour davantage ». (Discours du Café Riche).

Lettre aux Electeurs du Nord (10 avril) : « Le résultat du scrutin me prouve une fois de plus que le Pays est avec moi contre ceux qui s'efforcent *de le perdre*.

«Les Patriotes ont vu la France et la République en proie au désordre, à la honte de parlementaires sans principes, de Ministres sans autorité, un Etat sans direction et la Patrie même oubliée. »

(Appel aux Patriotes, 5 mai 1888).

RÉELLE

Crainte de l'affermissement de la République.

Renouvellement en 1877 des Conseillers généraux, d'arrondissement et municipaux,

Crainte de l'affermissement de la République en 1889 par le succès de l'Exposition universelle, la célébration de l'immortel GENTENAIRE et les élections législa-

« Zurich semblent avoir réuni Jacobins,
« Républicains et Royalistes ; elles ont
« relevé le crédit public et disposé les
« citoyens à prêter leur argent au Gou-
« vernement. Le Directoire est dans toute
« sa force. »

fixer pour leurs pupilles l'âge de majorité,
combien de tuteurs l'ajourneraient indéfi-
niment pour échapper à la reddition des
comptes. «

> (Lefranc, *le 2 décembre 1851*. Paris,
> Le Chevalier, 1870.)

5° MÊME MODESTIE. — LES « PROPRIÉTAIRES » DE

« Je monte au trône où m'ont appelé le
vœu unanime du Sénat, de l'Armée et du
Peuple. Depuis mon adolescence, mes
pensées tout entières lui sont dévolues. »

Puis cette phrase que l'histoire a si dou-
loureusement démentie :

« Mes descendants conserveront long-
temps ce trône. »

> (*Moniteur universel*, 2 décembre 1804,
> page 260.)

« *Mon* Gouvernement saura remplir sa
mission. J'ai été en relations avec le clergé,
la magistrature, les agriculteurs, les indus-
triels, l'administration ; *mon* nom comme
mes efforts ont contribué à affermir l'esprit
de l'armée, dont je dispose *seul* ; j'ai fait
tourner au profit de l'ordre *mon influence
personnelle.* » (12 novembre 1850.)

« La Société est sauvée ! La première
partie de *ma tâche* est accomplie. »

> (Proclamation du 8 décembre 1851.)

6° BONNE FOI IDENTIQUE

A 10 heures, le général Bonaparte avec
Berthier, Lefèvre et son état-major, sont
introduits dans la salle des *Anciens* :

« Législateurs, j'accepte les fonctions que
vous me confiez ; je vous promets de faire
exécuter les mesures que vous venez de
prendre et *je jure fidélité à la République et
a la Constitution de l'an III.* »

Trente-sept jours après, il promulguait
la *Constitution de l'an VIII*, destructive de
toutes libertés.

« Le Conseil donne acte de ce serment. »

Louis Napoléon : « En présence de Dieu
et du Peuple français, *je jure* de rester
fidèle à la République démocratique une et
indivisible.

« Mon devoir est tracé, je le remplirai en
homme d'honneur ; je verrai des ennemis
de la Patrie dans tous ceux qui tenteront
de changer par des voies illégales ce que
la France entière a établi. »

Aux officiers de la garnison de Paris,
présentés par Magnan :

« Je ne vous demanderai *rien qui ne soit
d'accord avec mon droit reconnu par la
Constitution.* »

Ceci dit le 9 novembre 1851, vingt-trois
jours avant qu'il saisisse, de nuit, la Dictature.

par conséquent des *électeurs* du Sénat.

Crainte d'un Sénat républicain marchant la main dans la main avec la Chambre républicaine.

tives de *vrais* républicains voulant les *Droits de l'Homme* non les Droits « d'un homme ».

LA FRANCE. -- « LA FRANCE C'EST MOI ».

« Mais je suis convaincu que le Pays pense comme *moi*, si quelques imprudences de parole ou de presse compromettaient la paix publique de *mon* Gouvernement, j'emploierais les moyens que la loi met en *mon* pouvoir. »

(Message du maréchal, 18 mai 1877.)

« La France, *j'en suis sûr*, rendra justice à mes intentions et choisira pour ses mandataires ceux qui promettent de me seconder. »   (16 juin 1877.)

« C'est un duel entre *moi* et le Parlement, dans ce duel je sens que le Pays est avec *moi*. »

La symphonie *en moi majeur* lue à la Chambre le 4 juin.

Réponse au citoyen Avronsart 5 mai :

« Après tout toute la France est pour moi je serais bien bête de ne pas en profiter ».

DES SAUVEURS PLÉBISCITAIRES

« La lutte est entre l'ordre et le désordre.» (Appel au Peuple français, 10 octobre.)

Bulletin des communes : « Les partisans de la Commune, les complices des incendiaires et des scélérats que le maréchal a vaincus et écrasés dans les rues de Paris n'étaient pas à cette grande fête militaire, on n'y voyait pas non plus aucun des 363 députés radicaux qui veulent désorganiser, supprimer l'armée, comme tout le reste, comme tout ce qui fait notre prospérité et notre grandeur. »

Des maires refusèrent d'afficher ce *Bulletin*. On les révoqua.

Des députés l'attaquèrent. Les tribunaux se déclarèrent incompétents.

Dillon à Clermont-Ferrand : « Demander à Ministre permission de désavouer par lettre ceux qui ont abusé de ton nom ; *la campagne pourra être continuée quand même* les amis pourront dire voyez ce qui est arrivé après désaveu ».

Le 25 le Général Boulanger écrit au Ministre :

« J'ai été et je demeure absolument étranger à toute ce qui se passe relativement aux élections » et le soir de ce même jour il télégraphie à M. Dillon : « Ai appris les résultats très bons il faut maintenant travailler fortement la Presse et l'Opinion ».

Puis il écrit (Lettre aux électeurs de la Dordogne) :

« Vos précieux suffrages, vous savez que je ne les ai pas sollicités ».

7° MEME MASQUE RÉPUBLICAIN

Bonaparte arrive à 1 heure du matin au Conseil des Cinq-Cents à St-Cloud et prête ce serment (le deuxième en vingt-quatre heures) « je jure fidélité à la *République* une et indivisible, à la liberté, à l'égalité et au système représentatif.

(20 Brumaire)

Français vous reconnaitrez à cette conduite le zéle d'un soldat de la liberté, d'un citoyen dévoué à la *République*.

(Gazette nationale officielle, 22 Brumaire, p. 206).

7° MEME MASQUE RÉPUBLICAIN

Aujourd'hui que le pacte fondamental n'est plus respecté de ceux-là même qui l'invoquent sans cesse et que les hommes qui ont déjà perdu deux monarchies veulent me lier les mains *afin de renverser la République*.

(Appel au Peuple, 2 déc. 1851)

8° ASSEZ PEU

« J'ai toujours été soutenu par l'Assemblée quand il s'est agi de combattre le désordre par des mesures de compression, quand j'ai voulu améliorer le sort du peuple elle m'a refusé son concours ».

Message du 12 novemb. 1850. « Les Conseils généraux ont en grand nombre émis le vœu de la *Révision* de la Constitution, mais quelles que soient les solutions de l'avenir *ce ne seront jamais la surprise et la violence qui décideront du sort d'une grande Nation* ».

« Les royalistes voyaient en lui un précurseur du roi ; les Républicains pensaient que sous cette main savante la République allait devenir un édifice majestueux ; entre les deux il se tenait indécis, réservé et mystérieux ».

« Bientôt les barrières de tous les partis seront détruites, bientôt les travaux du Gouvernement assureront le *bien-être du Peuple* et la *Paix* ».

9° MEME PARTI-OMNIBUS POUVANT « CONCENTRER »

« Le Directoire frémit à mon retour, je m'observais bien, c'est une époque de ma vie *où j'ai été le plus habile*, je voyais Siéyès et lui promettais l'exécution de sa verbeuse constitution, je recevais les chefs des Jacobins, les agents des Bourbons. Je ne refusais les conseils de personne, quand je devins chef de l'Etat il n'existait pas en

« Mes amis les plus sincères ne sont pas dans le Palais, ils sont sous le chaume, ils ne sont pas sous les lambris dorés, *ils sont dans les ateliers* ».

(Discours de St-Quentin)

Tout un système à triomphe par mon élection car le nom de Napoléon est à lui

POUR « SUPPRIMER » LA RÉPUBLIQUE

Je n'en reste pas moins aujourd'hui comme hier fermement résolu à respecter et à maintenir les institutions qui sont l'œuvre de l'Assemblée de qui je tiens le pouvoir et qui ont constitué la *République*.

(J. Officiel 19 mai 1877, p. 136)

La seule chose que nous ayons le droit d'exiger de ceux qui marchent avec nous c'est que *sans rien abondonner de leurs affections personnelles* ils se placent *résolument* sur le terrain de la *République*, le seul sur lequel puisse se reconstituer un parti « recruté de tous les partis actuels indistinctement ».

(Discours du Café Riche)

DE FRANCHISE FRANÇAISE

Le Maréchal de Mac-Mahon proroge la Chambre pour un mois, le 18 mai, il la dissout le 18 juin. Il est vraisemblable que le décret de *dissolution* était acquis dès le début de la campagne au Ministère, qui voulait « faire marcher la France ».

Les mutations de *76* Préfets faites fiévreusement les 19 et 21 mai, *dès le lendemain de la prorogation*, le font supposer.

Le Message promettait que les élections auraient lieu constitutionnellement 3 mois après la dissolution, soit le 25 septembre.

On ne les fit que le 14 octobre 1877.

Lettre au bonapartiste Léandri que n'ont publiée ni l'*Intransigeant* ni la *Lanterne* et lettre au directeur de la *Chemise Rouge* de Rome (25 Avril).

Le jour même où il recevait un désaveu destiné au public, M. Thiébaud annonçait qu'une manifestation « improvisée » allait se faire dans plusieurs départements le dimanche d'après sur la demande d'électeurs appartenant à toutes les opinions.

Démission et candidature plébiscitaire dans l'Ardèche, après avoir juré *par écrit* de ne représenter que les électeurs du Nord.

TOUS LES PARTIS « CONTRE LA RÉPUBLIQUE »

Nous avons pris des candidats dans *tous* les partis politiques souvent parmi les hommes hostiles *autrefois* aux institutions républicaines et qui ne les ont acceptées aujourd'hui que par respect pour les lois du pays et sans leur jurer une *fidélité indéfinie*.

Préoccupés avant tout d'*ordre social* nous

« L'heure est venue où tous les Français sans distinction de territoire et de province doivent s'unir dans une seule idée, un but unique, la grandeur du pays ».

Je voudrais puisque le parti boulangiste *s'est créé tout seul* en faire le parti de la France qui ne s'occuperait que des intérêts généraux, le travail dans *la paix*

18 Brumaire.

France un parti qui ne plaçât quelque espoir dans mon succès ».

(Gal lung, *Bonaparte et son temps*, Paris, Charpentier 1881, p. 320).

2 Décembre.

seul un programme, il veut dire à l'intérieur, ordre, autorité, religion et *bien-être du peuple*, à l'extérieur *dignité nationale*.

(Manifeste du 31 octobre 1851).

10° PROGRAMME – OMNIBUS

L'ordre, la paix, les affaires : Des phrases voilées pour des desseins voilés ; rien de Association, Réunion, l'Eglise et l'Etat, rien du Budget surtout. — On verra plus bas

11° IDENTITÉ DE PUBLICITÉ-RÉCLAME

Journaux Plébiscitaires — Brochures, photographies, imageries

Journal de Bonaparte et des hommes vertueux par Duandre. Il était chargé de glorifier le jeune Général sous cette épigraphe de valeur moyenne.

Annibal dormit à Capoue
Mais Bonaparte actif ne dort pas dans Mantoue.

Beaucoup d'hommes font un grand éloge de Bonaparte au préjudice de Moreau qu'on appelle « le général des retraites ».

Quatre poëtes résidant à Paris viennent de célébrer chacun en une pièce de vers le retour de Bonaparte.

(Clef du Cabinet des Souverains, 16 brumaire, p. 8560).

« Il se fit précéder à Paris du bulletin de la victoire d'Aboukir ; dans certaines coteries on le propageait avec complaisance, en y ajoutant l'enflure et l'hyperbole.

Il y avait quelque chose de *factice* et une impulsion occulte. »

(M. *Fouché*, p. 107).

Rœderer travaille l'opinion par de petits écrits : *Un Français aux Français sur Bonaparte* ; *Dialogue entre un Jacobin et un honnête homme* ; celui *d'un ancien et d'un membre des Cinq-Cents*, affiché sur tous les murs :

« Pourquoi faire intervenir la force en ceci ».

Journaux Plébiscitaires :

Le *X Décembre*, journal de l'*Ordre*, l'Aigle *Républicain*, le Petit Caporal, la Redingote grise, le Pouvoir.

Le Bonapartiste *Républicain*, le Napoléon, le Pays, la République *Napoléonienne*, le Bonapartiste, la Démocratie *Napoléonienne*, le Socialisme *Napoléonien*.

Un an après paraîtra jurant avec tous ces « socialismes et democraties » l'*Abeille Impériale* journal de la Cour de France. Nouvelles de la Cour de France et des Cours étrangères, in-4° 1853.

Brochures : Romieu qui avait produit sur commande l'*Ere des Césars*, céda à la même inspiration en écrivant le *Spectre Rouge*.

A Granier de Cassagnac que Ténot qualifie d'ex-pensionné du *Bureau de l'Esprit Public* sous Louis-Philippe, fit paraître en 1851 le 1er volume d'une *Histoire du Directoire*.

Au Peuple : *Confiance, il y aura du pain pour tous*, par l'abbé Mullois (1).

Une lithographie représentait l'Empereur (l'Autre) montrant du doigt Louis Na-

---

(1) Cet abbé, trouva vraisemblablement plus de *pain* que le Peuple, en une place de chapelain de la Maison de l'Empereur (1853).

---

(1) *Les Suspects en 1858*. Paris, Lechevalier, 1869.

16 mai 1877.

passions plus légèrement sur les dissidences politiques de toute nature ».

> (Discours de Broglie,
> J.-Officiel 15 nov. 1877).

1888-89.

avec *l'honneur national pour drapeau.*

> (Interview du *Figaro*, 17 avril.)

A rapprocher du manifeste de 1851.

D'UN VAGUE IDENTIQUE

précis sur le législatif et l'exécutif, les libertés publiques ou individuelles, Presse, quel fut le programme — *après* et pourquoi il était indicible — *avant.*

(FRAPPER LE « NOM ET L'IMAGE » DANS LES MASSES)

d'Epinal — Lettres, cartes, cocardes — Langage des fleurs

Intérieur à Préfets : « Les journaux sont partagés en ceux qui attaquent et ceux qui défendent le Gouvernement ; facilitez la diffusion de ces derniers, pour les autres refusez le colportage, la vente dans les gares ou voies publiques, poursuivez les colporteurs et vendeurs ».

Refus de colportage du *Petit Journal* en violation de la loi du 25 décembre 1875, art. 3.

A propos du *Journal du Midi* qui ne louangeait pas assez vigoureusement le Préfet de Vaucluse télégraphie au Ministre « Lâcherai Parquet sur journal ».

> (20 juin 1877).

Ce Préfet est décoré le 15 octobre.

Il y eut en 4 mois 3,201 procès de Presse et 2,709 condamnations.

3,250 Personnes furent condamnées pour délits de presse ou de parole (1).

Discours de Gambetta :

« Vous avez eu la prétention de parler seuls à ce pays par des affiches sur tous les murs de France, par des brochures, par des distributions de journaux subventionnés.

Et où avez-vous donc pris tout l'argent nécessaire à cette propagande ? Le ministre

Le *Pays*, le *Petit Caporal*, l'*Autorité*, l'*Echo de la Dordogne*, l'*Etoile de Boulanger*, la *Lanterne de Boulanger*, le *Petit Pioupiou*, la *Vie et les œuvres du grand patriote*, la *Cocarde*, le *Cri du Peuple* qui reçoit cette protestation du Cercle socialiste de Montmartre. « Effacez au moins le nom de Vallès ».

> (20 Avril).

Journaux créés : la *Presse*, la *Révision*, la *Diane*, journal illustré, et pour un autre public la *France révisionniste*, la *Revue d'histoire contemporaine* et enfin pour l'exportation *Parigi in Italia.*

Brochure : *l'Invasion allemande*, avec cette phrase un peu décadente : « Il n'est pas indispensable d'avoir constamment l'épée à la main pour prendre un fusil. »

Cette brochure est attribuée au capitaine Barthélemy ; on verra plus bas qu'en lisant à la Chambre son programme Naquet, M. Boulanger semble témoigner d'un nouveau faible pour le rôle de *père adoptif* littéraire.

Les photographies, cartes de visite, enluminures, cocardes avec portraits, médailles de la grandeur d'une pièce de cinq francs, sont répandus à profusion ; un grand

(1) *Histoire de la République française*, 1870-1883, p. 392, Canis ; Paris, Ghio, 1884.

18 Brumaire.

L'*Ancien*. — « En vertu de la *Constitution du bon sens*, mais rassurez-vous la translation ne sera que de quelque jours. Un César, un Cromwell, ce sont des rôles usés indignes d'un homme de sens *quand ils ne le seraient pas d'un homme de bien* ».

« Cette pièce était évidemment préparée « à l'avance (1) ; pendant que Bonaparte « passait la revue des Tuileries on la répan-« dait à grande profusion; on distribuait de « même une lettre « *d'un invalide à son* « *camarade* » dans laquelle on lisait « Mon « général vous êtes le père du soldat soyez « le sauveur de la Patrie ».

(Journal des Hommes libres, 20 brumaire an VIII, p. 63).

MUSIQUE POLITIQUE. — Le *Chant du Retour*, par Méhul.

Arnault fut chargé de composer une chanson :*Dialogue entre le Bonnet de grenadier et le Bonnet rouge.*

Langage politique des fleurs. — L'œillet rouge ou la violette.

2 Décembre.

poléon à la France avec « un bienveillant sourire ».

Des biographies, des médailles, des portraits ont été répandus à profusion, ainsi que des brochures :

Petit manuel du paysan électeur, Lettre d'un maire de village à ses administrés et surtout les *Partageux* (1).

On chantait « pour agiter le peuple des rues » :

« Napoléon reviens dans ta patrie,
Napoléon soit bon républicain ».

Partant pour la Syrie.
La Violette.

---

(1) 5 à 6,000 exemplaires du Message avec Portrait du Président à cheval, le chapeau à la main, ont été ce matin fourrés dans les poches des paysans aux Halles. Il en a été envoyé par le Comité de Propagande Bonapartiste (colonel Vaudrey) dans chaque sous comité d'arrondissement et de canton « pour chaque chaumière ».

Les orgues de Barbarie, comme pour l'élection de Louis Napoléon en 1848, sont en novembre 1851 lancés en Province avec une pacotille de chansons napoléoniennes.

Ils ont disparu de Paris.

(Messager de l'Assemblée, 15 nov. 51).

12° LES VOYAGES

Débarquement à Fréjus le 17 vendémiaire: « Nous recevons de Nice, du Gard, de Valence, des lettres qui confirment l'enthousiasme des communes pour Bonaparte et l'accueil vraiment *républicain* qu'il a fait aux personnes qui ont été à même de l'approcher. »

A Lyon, les rues, les quais, les places n'étaient pas assez vastes pour contenir la foule de citoyens, on a joué un à propos le *Héros de retour,* quelques individus appor-

En 1850 1re série de Voyages Plébiscitaires à Besançon (où l'accueil fut douteux), Colmar, Strasbourg, Cherbourg. La municipalité de Strasbourg refusa de voter des fonds pour la réception, qui fut sans enthousiasme.

En 1852 2e série des voyages pour « faire » l'Empire.

Alsace (*cette Alsace qu'il devait perdre!*), Lyon, Marseille, Bordeaux.

Discours de Bordeaux : « Certaines per-

---

(1) Dès le 15 au soir, Regnault et Arnault avaient signé chez Demonville, imprimeur rue Christine, le *bon à tirer* des Proclamations qu'on devait « improviser » trois jours après.

16 mai 1877.

de la parole de Dieu, vous l'avez transformé en ministre de la parole ministérielle.

(15 Nov. 1877).

Fermeture des librairies, dites *fictives*, des cafés et débits; le Préfet de la Haute-Loire retire d'un seul coup toutes les autorisations de débits de boisson.

Les Préfets donnent sur les recteurs d'académie les renseignements qui leur sont demandés par le Ministre de l'Instruction publique, ils correspondent *directement* avec les divers ministres pour le déplacement des fonctionnaires peu zélés.

Enfin des agents secrets sont envoyés « lors de l'échec » dans les diverses Préfectures pour retirer certaines pièces des dossiers.

(*Journal officiel*, 9 mars 1879).

1888-89.

nombre de débitants de tabac du Nord ont reçu des carnets de papier à cigarettes avec portraits.

Une photographie a été envoyée à M. Sobra, un chef, lui aussi — de cuisine — à Chicago.

Les murs de Lille sont couverts de placards de toutes les couleurs de l'arc-en-ciel, on affiche sur les « Défenses d'afficher » ; des quintaux de billets de vote, d'images et de brochures sont distribués.

On paie pour faire crier et chanter :

« On m'a chargé d'embaucher des hom-
« mes qui, avec moi ont couru de sérieux
« dangers et ne connaissent que moi ; j'ai
« donc dû les payer et solder leurs frais de
« boissons, mais il m'a été impossible de
« rentrer dans mes débours ».

(Duchez, électeur du Nord, 27 avril).

En revenant de la Revue, par Paulus — qui depuis...

L'œillet rouge.

PLEBISCITAIRES

Voyage du maréchal Mac-Mahon à Bourges, 17 juillet.

En septembre, voyage à Angoulême, Poitiers, Tours et Bordeaux.

A l'adjoint de Tours qui montra quelque inquiétude :

« Pour répondre aux préoccupations que vous avez crû devoir témoigner, je vous dirai que des élections favorables à *ma* politique rendront *bientôt* au pays le calme et la prospérité. (16 septembre.)

Le 18 et 20 août, voyage en Normandie, Caen et Cherbourg.

Voyage dans le Nord : Dunkerque, Douai, Lille (réception houleuse), Valenciennes, Avesnes, Fourmies, Anzin.

Discours de Valenciennes : « A cette heure nous ne nous occupons, vous et moi, que du peuple qui souffre, de l'incertitude où nous a jetés une politique bâtarde, dirigée par des *abâtardis*, et de la France, qui demande à s'élever et que ceux-ci ne cherchent qu'à *amoindrir*. »

Le maire d'Anzin : « En un mot, général et cher député, la démocratie d'Anzin désire de vous une déclaration détachée de tout alliage monarchique, afin que nous

<table>
<tr><td>

18 Brumaire.

tant une couronne de laurier, l'ont félicité d'avoir échappé à *son exil.*

.(*Clef du Cabinet des Souverains*, p. 8425.)

Lettre de Kléber au Directoire : « Le gé-néral Bonaparte est parti pour la France sans en avoir prévenu personne, il m'avait donné rendez-vous à Rosette pour le 7, je n'y ai trouvé que ses dépêches.»

Suit un lamentable tableau de l'état de l'armée d'Égypte.

</td><td>

2 Décembre.

sonnes se disent : l'Empire c'est la Guerre, *moi, je dis,* l'Empire c'est la Paix. »

Cette *Paix* fut suivie des guerres de Cri-mée, de Syrie, d'Italie, de Chine, du Mexi-que, et surtout de la néfaste attaque de 1870-71 avec perte de l'Alsace-Lorraine, la Province martyre.

</td></tr>
</table>

§ II. -- PRÉPARATION DES GROUPES

1° L'ARGENT

Ce sujet est de son essence clandestin, verbal et volatil. Aussi, pour le 18 Brumaire, *gagnés* en Italie et déposés chez divers banquiers de Paris, tels que Perrégaux, sous des 1.500.000 francs », et de cette phrase de Fouché : « Le munitionnaire Collot prêta deux Pour le coup du 2 Décembre, dit « des Insolvables », le bruit courut d'un emprunt de Au sujet du général Boulanger, retraité à 10,500 francs, *l'Echo de Paris* et *le Siècle* (Paris, Etats-Unis) escomptant l'avenir budgétaire du général. Les secrets de pareille premier et deuxième Empires, une reprise hâtive de certaines affaires affectant les allures

2° PRÉPARATION DES SOCIETÉS « D'ACTION », DES PREFECTURES,

Le blocus par la navigation à voile n'é-tait que d'une rigueur relative, les frères de Bonaparte en correspondance suivie avec lui, pressaient son retour. Sur une pétition de Louis, rentré d'Egypte *en convalescence,* et demandant à attendre à Paris des nouvel-les, on lit cette annotation de Dubois-Crancé, 8 jours avant le débarquement à Fréjus : «Des nouvelles il en a eu par son frère Joseph. »

La justice comme l'administration des départements étant électives, on ne pou-vait « préparer » de ce côté.

Un des premiers soins de Bonaparte sera de se créer les préfectures.

Pour « l'action » il suivit tout un

Sociétés « d'action », du *X Décembre.*
Ligue du Bien Public, Société du 15 août.

Les *Préfectures* et la *Justice* avaient été à loisir, mises à point pendant 3 ans de Pré-sidence.

Restait l'*Armée,* dont les généraux faits à la grande guerre répugnaient aux campa-gnes de Paris. En effet, ce qu'on appelle majestueusement l'*Armée* en tout pronun-ciamento, ce sont quelques généraux, abu-sant de ce levier, « l'obéissance passive », et *débauchant* la sainte Discipline.

C'est vraisemblablement pour ce motif qu'il y a beaucoup de généraux en Espagne.

Il y avait donc à créer chez nous ces « spécialistes ».

16 Mai 1877

M. Germain, évêque de Coutances : « Aussi prierons-nous, M. le maréchal, pour que Dieu fasse de vous le « Sauveur » dont il est dit dans nos saints livres : J'ai placé ma force dans un homme puissant, et j'ai exalté cet élu au milieu de mon peuple. »

(*J. officiel*, 1877, p. 5886.)

1888-89.

puissions sans aucune arrière-pensée crier ensemble : « Vive la République ! »

Le général Boulanger crie « Vive la République ! » mais il parle du sort des travailleurs et se dérobe à toute déclaration précise sur les *arrière-pensées*.

(13 mai 1888.)

Voyage en Bretagne (9 juillet 1888).

D'ACTION ET DE « L'ACTION »

INCONNU

se trouve-t-on en présence de l'aveu de Lucien, que « son frère avait trente millions, noms supposés ; cela fit en partie les frais de l'expédition de Brumaire, qui s'élevèrent à millions, ce qui fit voguer l'entreprise. »

vingt-cinq millions à la Banque *et de prêteurs sur gage — de la France.*

ont parlé d'émission de bons Boulanger à Londres et d'une Société à grand rayon « usure d'Etat » sont toujours gardés ; toutefois, on verra plus bas qu'il y eut, pour les d'un remboursement (p. 24).

DE LA JUSTICE ET SURTOUT DES COMMANDEMENTS MILITAIRES

Société « d'action », les *Cercles catholiques d'ouvriers.*

La Chambre dissoute n'avait eu qu'une législature de 16 mois.

La *Dictature* lui succède de mai à décembre 1877. Mutation ou révocation de **91** préfets, dont *76 en 2 jours*, les 19 et 21 mai,

Et de **443** sous-préfets, secrétaires généraux ou conseillers de préfecture. Ces chiffres relevés un à un sur l'*Officiel*, précisent (ce qui n'avait pas été fait) l'amplitude des mouvements préfectoraux de M. de Fourtou.

292 maires ou adjoints sont révoqués par le maréchal de Mac-Mahon. **295** receveurs ou percepteurs des finances dé-

Sociétés d'action, Ligue d'action républicaine, Comité de la rue de Sèze.

Ligue plébiscitaire de la Gironde, présidée par M. de Brezets.

Boulangisation de la *Ligue des Patriotes*.

Une première adresse au général Boulanger sert de ballon d'essai ; le 16 avril, M. Deroulède est nommé président d'honneur, et le **21** il demande à l'Assemblée générale des Délégués un vote de confiance très net pour le général Boulanger et lui.

21 voix contre **18** se refusent à cette captation.

Le condamné récuse alors un arbitrage sollicité par lui-même et, depuis, semble vouloir faire refluer de l'Est vers l'intérieur

plan de cheminements obliques qui venait de Sieyès « ce prêtre ». Il lui aurait été suggéré par un député des Ardennes, mort un mois auparavant, et qu'une étrange ironie du sort nommait — *Baudin.*

Mouvement tournant.

1° **Isoler** — *pour faire le coup.*

Constitution de l'an III, art. 102. Le Conseil des Anciens peut changer la résidence du Corps législatif, il indique en ce cas un nouveau lieu et l'époque à laquelle les deux Conseils sont tenus de s'y rendre.

Art. 103. Le jour même de ce décret, ni l'un ni l'autre Conseil *ne peuvent délibérer* dans la commune où ils ont résidé jusqu'alors.

Les *Anciens*, convoqués pour 10 heures, votèrent la translation à Saint-Cloud, article 102.

Les *Cinq Cents*, convoqués pour *midi* seulement, afin que, dès lecture du vote, l'art. 103 leur ferme la bouche, se voient obligés d'accepter cette « translation sans phrases ».

2° **Dissoudre** *constitutionnellement le Directoire.*

Il fallait 3 directeurs pour l'effectivité des délibérations. Par la démission de Barras, dont on s'était assuré la défection, de Sieyès, et Roger Ducos acquis à Bonaparte, des 5 directeurs (1), il n'en restait que deux frappés d'impuissance exécutive.

3° **Les Baïonnettes** — *pour faire le coup.*

(Violation de la Constitution par les *Anciens*, le Directoire seul pouvait nommer.)

L'Algérie, qui a fourni tant d'expéditions *utilitaires* et à bénéfice, était là.

Les Kabyles, convaincus par les Bureaux arabes « d'agitation », durent opposer tant bien que mal aux carabines Minié et au canon leurs fusils à silex.

Saint-Arnaud, « l'homme nécessaire », passa *au choix* général de division et ministre de la guerre après ces victoires glorieuses sur un ennemi *figuré.*

L'ordre à l'Armée de ce ministre à besogne « acceptée » contient dès le 21 octobre une phrase significative :

« Portons si haut l'honneur militaire qu'au milieu des éléments de dissolution qui fermentent autour de nous, il apparaisse comme le moyen de *salut* de la société *menacée.* »

Avec Saint-Arnaud, Fleury n'avait trouvé à la « colonne de Kabylie » que 2 autres sauveurs : Marulaz et Espinasse.

Le colonel Espinasse, « capable de mettre la main sur l'Assemblée », est *choisi* pour commander le 42e *à Paris.*

Les généraux Korte, Renault, Tartas, d'Allonville sont également nommés *à Paris* le 6 novembre.

Dès le 10 octobre, à la revue de Satory, 2 *régiments de cavalerie* avaient crié : Vive l'Empereur ! »

Ces 2 régiments sont immédiatement appelés de Versailles à Paris.

L'infanterie était demeurée réglementairement silencieuse sous les armes par ordre du général Neumayer; il est destitué, et le général Magnan, qui, dit le *Moniteur de l'armée,* « a déjà fait ses preuves à Lyon en juin

---

(1) Les royalistes affectaient d'appeler les cinq Directeurs les **Cinq-Shillings**, parce que c'est la monnaie d'une *couronne.*

placés ou révoqués par M. Caillaux. Enfin, M. de Broglie signe à lui seul des lettres de service pour **1,566** présidents de première instance, procureurs, avocats-généraux, substituts, juges de paix ou suppléants.

Cela lait un total de **2,707**.

Les révocations ou déplacements de l'Instruction publique ne figurant pas à l'*Officiel* échappent à cette numération avec les buralistes, facteurs, télégraphistes, douaniers, forestiers, employés de Mairie ou de Préfecture et autres gens de peu.

Le 23 nov. 1877 nouveau ministère pris *en dehors* du Parlement ce qui semble un premier tâtonnement de pouvoir personnel.

Ducrot à Rochebouël : « Dans circonstances présentes, ne pouvez refuser. Mettez pour condition expresse qu'on vous laissera faire dans personnel et matériel des garnisons de Paris et de Versailles les modifications qui vous paraîtront indispensables ».

8 Décembre, ordre n° 2. *Rochebouël, Ministre de la Guerre et Président du Conseil* :

« Vous pouvez constituer des colonnes mobiles et légères avec lesquelles vous organiserez des compagnies d'une centaine d'hommes, vous pourrez ainsi éviter les officiers *hésitants* ou fatigués ».

Reponse de *soldat* du général *Aymard*, commandant le 16ᵉ corps d'armée. « Du reste, M. le ministre, aucun officier ne sera hésitant si le gouvernement, ce qui pour moi est certain, reste dans la légalité et la Constitution. »

Le major Labordère, à Limoges (14ᵉ de ligné) : « Mais le coup d'Etat est un crime ! »

Lettres confidentielles portées par des

et des Vosges vers nos rues une activité jusqu'ici plus patriotiquement orientée.

Réunion de la salle Jussieu, 23 avril.

L'un des étudiants rendant compte de la réception des délégués des Ecoles par M. Floquet ajoute : « Tous les députés étaient avec nous ; le major *Labordère* dit que si les manifestations anti-boulangistes étaient seules réprimées par la police, il se trouverait des députés pour se mettre en tête ceints de leur écharpe et marcher contre les partisans du général. »

Cris : « Vive *Labordère*. »

Enfin le *Programme-Lumière* du 4 juin :

« Et d'abord faut-il donner à la République un président ? La Suisse n'en a pas, les Etats-Unis en ont un. La France s'habituerait *aisément* à s'en passer, mais il est certain qu'elle n'est pas *encore* faite à cette idée.

« Je verrais sans regrets disparaître le Sénat, *qui ne sert à rien*; mais, *si on préfère le conserver*, sous prétexte de pondération, il faut le faire élire directement par *le suffrage universel*, *ou* suivant des catégories d'éligibles, *ou* par des délégués nommés à cet effet.

« Le parlementarisme suppose un corps électoral habile à juger les questions qui lui sont soumises. »

Voix au centre. — « Relisez, on n'a pas compris. »

C'est qu'en effet un Président ou pas de Président, un Sénat ou pas de Sénat, le Peuple d'un côté « qui est un enfant auquel il faut mettre des lisières » et qui de l'autre

18 Brumaire.

Bonaparte est investi subitement (18 brumaire) du commandement de la 17ᵉ division militaire (armée et garde nationale), de la garde du Directoire et de celle des Conseils,

On avait commencé sourdement à pratiquer la garnison de Paris, et surtout 2 *ré- giments de cavalerie* : « Un des officiers de l'armée, dont j'ai entendu Bonaparte se louer le plus à l'occasion du 18 brumaire, est Sébastiani, colonel du 9ᵉ dragons, il se chargea d'amener une foule d'officiers que le Directoire laissait dans le dénûment. (Mémoires de Savary, p. 282.)

Le 18, Murat, Lannes, Leclerc et *Marmont*, « qui en avait 8 à déjeuner », rallièrent les chefs de corps et camarades. En outre, Bonaparte reçut la visite des officiers de la garnison et des 40 adjudants de la *Garde Nationale*, « qui sollicitaient en vain d'être admis en sa présence depuis son retour. » Le 19, il passa aux Tuileries, « dont les entrées avaient été interdites aux citoyens, une » revue des troupes dont le nombre s'est » singulièrement accru pendant la nuit en » cavalerie et en artillerie, les barrières de » Paris sont fermées, la pluie qui tombe » suffit, d'ailleurs, à rompre les attroupe- » ments. » (*Gazette de France*, an VIII, p. 193.)

2 Décembre.

1849 », est nommé au commandement militaire de Paris.

Les « forces » consistaient en 3 divisions d'infanterie à 3 brigades, une division de cavalerie, à 3 brigades, une 13ᵉ brigade de gendarmerie mobile et 12 batteries (1).

En tout, 50,000 hommes et 72 canons.

Deux de ces batteries étaient commandées par le chef d'escadron de ROCHEBOUET, que nous retrouvons au 16 mai.

En voie d'entreprises semblables.

(1) *Hist. milit. du Coup d'Etat*, Dentu, 1872. — Depuis le 22 novembre, les promenades militaires ne discontinuent pas dans les rues de Paris. Les troupes sont consignées comme pour les *agacer* ; il y a des revues au Champ de Mars et aux Tuileries ; le Président ne quitte plus l'habit de général — de division.

(30 novembre 1851. *Messager de l'Assemblée* supprimé net avec tant d'autres journaux, 3 jours après).

officiers de l'Etat-major du ministre *Roche-bouët* : « Postes à occuper, conduite à tenir, agir avec la plus grande énergie, faire feu sur les femmes et les enfants qu'on mettra probablement au 1er rang. »

(*Officiel*, mars 1879, p. 1844.)

« La Chambre des députés constate que les ministres du 16 mai et du 23 novembre ont trahi le gouvernement qu'ils servaient, foulé aux pieds les lois et les libertés publiques.

Elle les livre au jugement de la conscience nationale. »

---

(1) Un coup d'Etat à Washington ou à Berne n'aurait aucune portée, c'est une fédération non une centralisation, une vingtaine de républiques en une seule ; il n'y a ni armée permanente, ni armée de fonctionnaires, ni Eglise d'Etat, ni magistrature, ni généraux, ni préfets qu'on peut « préparer », ni les trois précédents, en un siècle, des 18 Brumaire, 2 Décembre et 16 mai.

doit voter les lois, par le *jus ad referendum* suisse (1), il y a de quoi troubler

Revenant en dernière manière à un Président, M. Boulanger déclare qu'il veut un Gouvernement fort avec un Président fort et des ministres forts, pris en dehors du Parlement.

M. FLOQUET, président du Conseil. — « Ces doctrines, Messieurs, ont déjà paru deux fois dans notre pays ; elles ont conduit à l'assaut des Assemblées et des institutions libres. »

M. BASLY. — « Le général Boulanger a dit, dans les centres miniers, qu'il s'occuperait surtout des questions sociales. Eh bien, l'on a discuté dans cette enceinte des lois humanitaires qui intéressent surtout les pauvres et les travailleurs, les lois sur les accidents, où étiez-vous pendant ce temps-là ? » (Applaudissements répétés)

Les généraux du général. — M. Laguerre : « Je ne serais pas, à la rigueur, ennemi d'un *coup de force* tenté par les élus du suffrage universel contre les élus du suffrage restreint. »

M. de Charrette (discours de Saint-Etienne) : « La France affolée demande un sauveur. »

Avant de dire ce que les deux « sauveurs plébiscitaires » firent de la *République* et des *Droits de l'Homme*, il nous paraît utile de publier le document républicain suivant, rare, prophétique six mois à l'avance et presque de « seconde vue ».

12e Bulletin du Comité central de résistance.

« **11 juillet 1851.** — Attendons-nous à un dénouement sinistre. Louis Napoléon ne « reculera devant aucun forfait pour retenir le pouvoir. Ne nous endormons pas dans une « imprudente sécurité, craignons de nous réveiller *un matin* isolés ; *ils ne s'occupent de* « *Revision que pour donner le change, ils n'ont d'espoir que dans la violence.* »

Des recherches de cinq mois faites dans toutes les histoires, brochures et mémoires sur le 2 Décembre nous permettent d'affirmer que ces lignes, écrites comme par un « voyant », n'ont été signalées qu'en un seul journal de l'époque — qui n'y croyait guère.

CHAPITRE II
PENDANT LE COUP D'ÉTAT
1° COMMENT ON APPELAIT LES RÉPUBLICAINS

AVANT

Brumaire	**Décembre**
Idéologues (1), métaphysiciens, philoso-phes, utopistes.	Avocats, rhéteurs, bavards, membres de sociétés secrètes.

APRÈS

Jacobins, démagogues, factieux, brigands, assassins.	Ennemis de l'ordre, de la propriété et de la famille, insurgés, malfaiteurs.
	« Jacquerie ».

2° MÊME « ABUS DE CONFIANCE » DE L'OBÉISSANCE PASSIVE DES OFFICIERS SUBALTERNES, SOUS-OFFICIERS ET SOLDATS
LA POLITIQUE « MANU MILITARI » — LES INSURGÉS DE LA LOI

« Des convocations ne furent pas envoyées à 60 députés dont on redoutait l'audace, mais le local (2) n'était pas prêt à midi, de midi à 2 heures on se promenait et on pût se concerter ».

DELBREL. — « Faisons avant tout serment à la Constitution de l'an III. »

On connait les faits ; les décrets, proclamations et documents étaient tout prêts (ce qui n'a rien des *lenteurs* parlementaires).

Les hommes avaient été appropriés avec un soin spécial à leur genre « d'opération ».

Espinasse entre de nuit par effraction dans le Palais Bourbon.

218 représentants réunis à la Mairie du X· (rue de Grenelle-Saint-Germain près du carrefour de la Croix-Rouge) sont

(1) Bonaparte savait la toute-puissance des mots en France, il appelait la violence « du ressort ».

(2) L'Orangerie de Saint-Cloud, fort peu décorée à dessein, tandis que la Galerie du Château, réservée aux Anciens, l'était magnifiquement. (Bigonnet, *Coup d'État du 18 brumaire.* Paris, 1829, p. 22.

On crie « la Constitution de l'an III ou la Mort ! »

GRANDMAISON. — « Nous devons demander compte des motifs qui ont déterminé notre translation, je demande qu'on fasse connaître cette fameuse conspiration qui n'existe que dans le Rapport des Anciens.»

La prestation du serment est arrêtée à l'unanimité des 450 membres présents. On le prête par appel nominal.

BIGONNET. — Ce Serment tiendra sa place dans l'histoire comme celui du Jeu de Paume.

La démission de Barras est apportée. Cris « il nous faut savoir si elle a été écrite de bonne volonté ou de force ».

TALOT. — Nous n'avons rien ici, ni *publicité*, ni *liberté*.

Bonaparte entre, il est acceuilli par les cris du mortel « *Hors la loi*, il faut un exemple » et ressort presque aussitôt (1).

Ici dit la *Gazette de France*, p. 200 « notre rédacteur est sorti parcequ'il entendait le bruit du pas de charge (2).

GUYOMARD aux *Anciens*. — « Quant à moi, je promets de rester constamment attaché à la Constitution que j'ai jurée au 1ᵉʳ vendémiaire, qui est au-dessus du Corps législatif et *qui peut être réformée dans le mode qu'elle a prévu*. »

---

(1) Un officier de la garde, dit le député Bigonnet, témoin oculaire (p. 24), osa se présenter et annonça qu'il venait *prendre les ordres du Conseil*. Ce fait. qui rappelle l'initiative courageuse de Labordère, n'est signalé nulle part.

(2) Le procès-verbal de cette séance des Cinq-Cents a été « supprimé » aux *Archives nationales*; il ne reste qu'une chemise avec ce mot : « Néant. »
Celui des Anciens est couvert de ratures et illisible.

3ᵉ CAMPAGNE DE SAINT-CLOUD

A 6 heures du soir dit un journal, à 9 heures, d'après la *Gazette de France*, Lucien parvient à rallier quelques représentants

vaincus par le Général Forey et incarcérés au Quai d'Orsay.

Rue du Croissant, 16 (ancien Hôtel Colbert), réunion des journalistes parisiens, mais les scellés sont sur les caractères et sur les presses, on ne peut rien imprimer.

VICTOR HUGO. — (Comité de résistance de la rue Popincourt). « D'un côte 100.000 hommes avec 17 batteries attelées, de l'autre 120 représentants, 1,000 à 1,200 patriotres, 600 fusils, 2 cartouches par homme, pas un tambour pour battre le rappel, pas une cloche pour le tocsin (1) *pas un imprimeur pour la proclamation*; d'un côté l'armée du crime, de l'autre une poignée d'hommes et le droit voilà la lutte, l'acceptez-vous ?

« Oui, oui nous l'acceptons ! »

Le lendemain auprès de Madier de Montjau, Schœlcher et Bastide, le docteur Baudin, après de nobles paroles que tout le monde sait, tombe la tête fracassée de trois balles.

Le corps est porté à la Morgue.

Le général Levasseur écrit: «Tout porte à croire que la mort du représentant Baudin produira un excellent effet » (2).

Denis Dussoubs le frère du représentant est tué rue Montorgueil.

Aujourd'hui deux rues de Paris portent le nom de ces deux hommes, et le procès Baudin a révélé Gambetta.

---

(1) On avait fait occuper les clochers et couper les cordes des cloches en demandant préalablement, *par déférence*, la permission aux curés. (*Histoire du Coup d'Etat*, Belouino, p. 147.)

(2) *Histoire militaire du Coup d'Etat de 1851*. Paris, Dentu, 1872, p. 128.

CAMPAGNE DE PARIS

La tactique fut à l'inverse de ce qu'on avait fait autrefois dans les émeutes.

Rentrer les troupes tous les soirs dans

à l'Orangerie et sous sa présidence brusque les votes suivants (1) :

1· Bonaparte, Murat, Lefèvre et leurs soldats ont bien mérité de la Patrie en sauvant la majorité du Corps législatif et la *République* attaqués par une minorité d'assassins (2).

2· Une liste d'expulsion du Corps législatif, de 61 membres qui sont dépouillés de leur mandat (et par conséquent d'inviolabilité) pour les *excès et attentats* commis dans la matinée.

3· Une Commission de 50 membres (25 de chaque Conseil) destinée à statuer *provisoirement* sur les objets urgents de police, de législation et de *finances* en séances qui ne seront pas publiques.

Bonaparte est introduit à une heure de la nuit dans cette Assemblée choisie il prête son *troisième* serment :

« Je jure fidélité à la République une et indivisible à la liberté, à l'égalité et au système représentatif ».

(1) Ils étaient vingt-cinq à trente et fabriquèrent ce projet de loi dit du 19 brumaire an VIII. (*Notice historique*. Paris, Lheureux, 1819, par le *comte de Cornet, pair de France*, l'ex inspecteur du 18 brumaire, et alors simple Cornet.)

(2) *Clef du cabinet des souverains*, p. 860.

les casernes ; au lieu de les disséminer les concentrer.

Laisser l'insurrection faire son terrain et l'écraser dans un étau.

Pour les barricades moyennes, le canon; — pour les grandes, cheminer par les maisons latérales.

On avait pris toutes les mesures pour que les troupes ne manquent pas de vivres, ainsi que cela était arrivé en 1830 et 1848 (1).

Le 4 décembre fut le jour de la vraie lutte.

Fusillade du boulevard Montmartre par les brigades Canrobert et de Cotte, les *Mémoires* de Maupas plus rassuré aujourd'hui sous le République, qu'en ces tristes journées la traitent de *fusillade imaginaire*.

Armée...   26 tués   184 blessés
Insurgés. 175 »   115 »

On voit combien la proportion des *insurgés* blessés est invraisemblable. Elle fut sans doute de sept pour un tué comme dans les guerres de Crimée, d'Italie et de 1870 comme pour l'armée (26 sur 184), cela ferait alors 1,225 hommes, femmes ou enfants blessés au lieu de 115 (2).

(1) *Histoire militaire du Coup d'Etat de 1851*, p. 151.

(2) Le *Times* du 28 août 1852 affirme un chiffre de 1,200 morts ou blessés le *Moniteur officiel* se décida en réplique à avouer 380 tués et *huit* blessés.

4° MÊMES GRANDS PÉRILS PERSONNELS

Le grenadier Thomas Thomé des Ardennes qui a eu dit-on (1) la manche de

(1) Je ne l'ai jamais entendu dire au premier Consul. (*Mémoires du duc de Rovigo*, p. 238.)

Ce sauveur du « sauveur » fut pour la comédie du sauvetage couronné sur le théâtre, puis plus solidement gratifié d'une pension de 600 francs, qu'il perdit en 1815. Sous son vrai nom de *Pomiès*. Il adressa, en 1818, une pétition sur laquelle *Dupont de l'Eure* fit passer à l'ordre du jour, en affirmant qu'il n'y avait jamais eu de coup de poignard.

Le lieutenant-colonel Fleury officier d'ordonnance du Président de la République a eu dans la journée d'hier son képi traversé par une balle, à la hauteur du boulevard du Temple.

(*Moniteur Officiel* 4 déc. 1852, p. 3023).

l'habit percée, a dîné le 20 et déjeuné le 21 avec le premier Consul, la citoyenne Bonaparte lui a donné un diamant de 2,000 écus.

C'est ce qu'on appela depuis une « blessure heureuse ».

5° MÊME LOYAUTÉ DE PROCLAMATIONS

Sur les murs de Paris, on lit la Proclamation de Bonaparte du 19° : « Des assassins établissent la terreur au dedans du Conseil des Cinq-Cents, plusieurs députés armés de stylets et d'armes à feu font circuler autour d'eux des menaces de mort, vingt assassins se précipitent sur moi en cherchant ma poitrine, au même moment le cri « hors la loi » se fait entendre contre le *défenseur* de la loi. »

Ces stylets et armes à feu aboutissent à la manche, d'un grenadier, déchirée en passant près d'une porte (1).

Le ministre de la police générale de la République à ses concitoyens :

« Que les faibles se rassurent, ils sont avec les forts, ceux-là seuls ont à craindre qui sèment l'inquiétude et le désordre, toutes les mesures de répression sont prises, tous ceux qui pourraient attenter à la sûreté publique seront saisis et livrés à la justice. »

Du même *Fouché* : « Le général Bonaparte étant entré au Conseil des Cinq-Cents a failli périr victime d'un assassinat ».

« Le Génie de la République a sauvé le Général ! ».

Saint-Arnaud aux habitants de Paris :

« Les ennemis de l'ordre et de la société *ont engagé la lutte* ils veulent le pillage et la destruction.

Vu la loi sur l'état de siège, tout individu pris construisant ou défendant une barricade ou les armes à la main sera immédiatement fusillé.

Ordre du jour à l'Armée :

« Soldats vous avez accompli aujourd'hui *un grand acte de votre vie militaire*, la victoire ne pouvant être douteuse, le vrai peuple, les *honnêtes gens* sont avec nous » (1).

(Hist. militaire, C. d'Et. 1851, p. 242).

Habitants de Paris,

Le Président de la République par une courageuse initiative, vient de déjouer les machinations des partis.

C'est au nom du peuple, dans son intérêt et *pour le maintien de la République,* que l'évènement s'est accompli.

Maupas.

---

(1) *Examen de conscience sur le 18 Brumaire,* p. 37, par le député des Cinq-Cents, Savary, qu'il ne faut pas confondre et qu'on confondit, en 1815, où il fut « inquiété » avec le duc de Rovigo.

(1) Valette se constitua prisonnier en disant : « J'ai deux titres à être enfermé aujourd'hui, je suis représentant du Peuple et *professeur de droit.* »

6° MÊME « JACQUERIE » DANS LES DÉPARTEMENTS

Les courriers ne sont partis hier que sur les sept heures et demie, on en a dépêché cette nuit des quantités, les télégra-

Il y eut aussi en décembre 1852 des *brigands* dans le Var, le Vaucluse, la Haute-Garonne et dans 33 départements,

phes ont été dans une grande activité (1).

« On n'était pas tout à fait sans inquiétude sur ce qui pourrait arriver dans le Midi, surtout dans les départements du Var, du Vaucluse et de la Haute Garonne, à la nouvelle des évènements des 18 et 19. Des mesures très actives ont cependant été prises pour empêcher les *brigands* de troubler la tranquilité publique (2),

---

(1) *Journal des Hommes*, 20 brumaire.
(2) *Cabinet des souverains*, 24 brumaire.

mis en état de siége.

Le général d'Arbouville commandant la division de Bordeaux ayant répondu qu'il maintiendrait l'ordre, mais qu'il se réservait d'adhérer ou non, est mis en disponibilité et le général Pays de Bourjolly (futur sénateur) est expédié de suite pour le remplacer.

On lit dans le *Moniteur de l'Armée* 11 décembre. L'ardeur des *agitateurs* n'a reculé devant aucun excès, mais partout force est resté à la *loi*.

Signé : Haussman.

7° THÉATRE ET IDENDITÉ D'ATTITUDES DE THÉATRE POUR LE PUBLIC

On joue sur la plupart des 13 théâtres de Paris, *La Girouette de St-Cloud* et *La Journée de St-Cloud*, *La Pêche aux Jacobins*.

Et enfin le *Rayon de Soleil ou la Résurrection du Sauveur de la France*.

Par une singulière ironie, pour Fouché, Sieyès et Talleyrand, *Feydeau* donnait les 18 et 19 brumaire : *Le Valet de deux Maîtres*.

« Les consuls de la République ont invité le ministre de l'Intérieur à s'occuper de suite des moyens de rassembler une troupe de comédiens pour l'Egypte, il serait même bon disent-ils qu'il y ait quelques danseuses,

« Le 21, Bonaparte qui trouve du temps pour tout a assisté trois-quarts d'heure à une séance de l'Institut.

« Le 26, il a fait une visite au Jardin des Plantes, au vénérable Daubenton ».

Avant le Coup on joue :
La Propriété c'est le Vol.
Et la *Foire aux Idées*.
Après chaque Préfet donne sa *Fête Napoléonienne.*

Le 31 janvier et le 19 février les abonnés *par persuation*, du *Journal Officiel* y trouvent 12 pages consacrées *extraordinairement* et comme par antithèse aux médailles pour « belles actions ».

Le « repos du dimanche » dit avec onction Morny (*Moniteur* 15 décembre 51) est une des bases essentielles de cette morale qui fait la consolation du pays.

A la *fête Napoléonienne* du Préfet de la Seine (*Off.* du 4 Janv.), le ministre de l'Intérieur *improvise* ces paroles :

« Personne plus que moi n'a été à même « d'apprécier son abnégation, son courage « son dévouement au salut du Pays ».

Une voix. — C'est le sauveur de la France ».

Le ministre reprend après un moment d'émotion......

8° IDENTITÉ DE RÉSULTATS PLUS SOLIDES

La Commission des 50 membres *ralliés* par Lucien et dite *intermédiaire* est chargée

Une Commission cousultative définitivement constituée au choix, le 11 décembre, à titre consultatif et seulement sur la proposition formelle et nécessaire des Consuls de *réviser* la Constitution de l'an III.

Le Parlementarisme *est ajourné au 1er ventose.*

---

est sous le président de choix Baroche, chargée de la *Révision* de la Constitution du Corps législatif et des lois organiques.

Le Parlementarisme *est ajourné au 28 mars 1852.*

Cela constitue de part et d'autre **4 mois de Dictature**

La France, ses richesses, son avenir, les emplois, les grades tombent aux mains « d'un seul », dictant son bon plaisir aux « commis » des Commissions.

CHAPITRE III

APRÈS LE COUP

§ Ier. — **LA DICTATURE**

I° L'ARGENT D'ABORD

« Le *Comité de la Trésorerie est supprimé* « le célèbre banquier suisse Haller connu « par les services qu'il a rendus en Italie à « Bonaparte, est nommé Directeur général « du *Trésor Public* (1) »

La somme de 130 millions 836,291 fr. accordée au Ministre de la guerre par la loi du 22 fructidor an VII, est mise en masse à sa disposition, il (Berthier) en rendra un compte détaillé à la Commission *Consulaire.*

Création de la Banque de France au capital de 30 millions, la Caisse des comptes-courants est réunie à la Banque (5 ventose). Les régents et censeurs admis à l'audience du premier Consul, lui ont présenté les statuts « ainsi qu'aux 2° et 3° consul qui se trouvaient là (2) ».

Convention passée avec 26 maisons de Banque, 15 à Paris, 10 à Londres, Baring frères et C° — une à Hambourg, pour le Paris-Lyon. 5 Janvier.

Confiscation des biens de la famille d'Orléans. 23 Janvier.

Concession des chemins de fer de Saint-Quentin à Maubeuge, de Lyon à Besançon, de Dôle à Salins, de Metz à la Frontière par Thionville, de Blesmes à St-Dizier et à Gray, de La Fère à Reims, de Strasbourg à Wissembourg, de Lyon à Avignon.

En tout 8 concessions pour 99 ans du 4 janvier au 23 février — par décret.

Concession des Messageries maritimes, 14 février.

Une avance de 25 millions faite par la Banque a été «expliquée» par des lettres *officielles* qu'ont échangé officiellement dans le *Moniteur* MM. Casabianca et d'Argout.

Toutefois, voici qui laissera place à quelques doutes:

La Banque de France est autorisée à faire des avances sur les actions et obligations des chemins de fer français. Les publications hebdomadaires prescrites par

---

(1) Ce Trésorier avait obtenu, en 1797, la *permission* de faire sortir des grains des Etats du pape, ce qui, *en la cédant à des négociants,* donnait une *buona mana* de 15,000 écus romains. Bonaparte avait pour système de procurer de ces bénéfices. (*Revue des questions historiques,* 1887, p. 4,495.

(2) Dès le 30 brumaire, parut une brochure intitulée *les Trois n'en font qu'un ou le Mystère de la Trinité dévoilé.* On appelait les trois consuls *hic, hæc, hoc ; hic,* le masculin, c'était Bonaparte.

Une loterie de 12 millions est autorisée par arrêté des consuls, 24 frimaire an VIII.

décret du 15 mars 1848 deviendront trimestrielles *ou* semestrielles (*Officiel*, 4 mars 1852).

Les actions sont dédoublées et le Privilège prorogé de 30 ans en 1857.

2° L'HONNEUR ET L'ARGENT AUX CHEFS « SPÉCIALISTES » DE L'ARMÉE
1° L'ARGENT AVEC LES GRADES

Berthier est nommé ministre de la Guerre.

Lefèvre reprend le commandement de la 17e division militaire qu'il avait cédé à Bonaparte pour les besoins du 18 brumaire. Lannes est nommé au commandement des 9e et 10e divisions militaires à Toulouse.

Création d'inspecteurs généraux du Génie et de l'artillerie (14 nivose) et d'une 4e direction au Ministère de la Guerre.

Onze des généraux de brumaire deviennent maréchaux, grade que leurs services de, grande guerre légitimeront mieux que ceux de Vaillant et Magnan du second empire, mais ils deviennent en outre princes, ducs, comtes, grands dignitaires de la cour.

Tous sénateurs.

Et l'un d'eux le cavalier Murat grand *amiral*.

Les généraux Vaillant et Harispe sont faits maréchaux de France, et les généraux Herbillon, Reybell, Dulac, Forey, nommés divisionnaires.

Augmentation dans les Bureaux arabes, l'artillerie et l'intendance. L'intendant Daricot (Vivres et service de santé) est nommé à la 4e Direction du ministère (29 déc.)

Le cadre des officiers généraux est rétabli sur les bases antérieures au décret du 3 mai 1848, qui est abrogé.

Formation de la *Maison militaire* du Président, 5 généraux, 5 colonels, 9 officiers aides-de-camp, chacun avec 12.000 fr. de supplément de solde, — De Cotte, Canrobert, de Lourmel, Ney, enfin Espinasse, qui après 7 *mois* de grade de colonel, passe général de brigade.

L'Annuaire de 1853 porte sur 79 généraux de division et 158 de brigade, — 41 généraux de division et 72 de brigade nommés depuis les campagnes de décembre.

Soit **4** maréchaux et **113** généraux *faits* en 16 mois de guerre — à l'intérieur.

2° L'ARGENT TOUT NET

Compte rendu détaillé des fonds composant le Domaine extraordinaire.

(Thibaudeau, p. 563).

Masséna a reçu pour achat d'hotel ou dotation 900,000 fr. (outre les cumuls de traitement).

Augereau 596, Lannes 327, Lefèvre 155, *Marmont.*120, général Arrighi 288,000 francs, Duroc 270, Cambacérès 350, Re-

Un an après :

Saint-Arnaud , grand-écuyer , 100,000 francs; ministre, 130 ; maréchal, 40 ; sénateur, 30 ; total : 300,000 fr. d'émargement annuel.

Magnan, grand-veneur, maréchal, gouverneur de Paris, sénateur, 200,000 fr.

Vaillant, grand-maréchal du palais, etc., 200,000 fr.

ghault de St-Jean d'Angely 150; Fouché 100, Berthier 2 millions 335,000.

Sieyès fut payé (*récompense nationale*) par le domaine à la disposition de l'Etat de Crosne (Seine-et-Oise) remplacé plus tard par l'hotel de l'*Infantado* et la ferme de la Faisanderie à Versailles.

De Béville, *préfet du palais, 60.000 fr.*; colonel du génie, 12 ; aide-de-camp, 14 : 84,000 fr.

Fleury, premier écuyer de l'Empereur, avec un cumul total de 95,000 fr.

Ney, premier veneur, etc.

3° LE GOUT DE L'ARGENT DANS L'ARMÉE

On se contentait sous la République d'*armes d'honneur* avec inscriptions simples. En Egypte, Bonaparte fait donner des baguettes *d'argent* et des trompettes *d'argent*. 200 fusils garnis d'argent aux soldats avec deux sous de haute paie par jour ; double paie à celui qui aura obtenu un sabre d'honneur.

(14 Pluviose an 7).

Enfin une loi de l'an VIII (17 ventose) rétablit comme sous l'ancien régime, le *remplacement à prix d'argent* par des « suppléants »

Les lois de la République exigeaient avec rigueur le *service personnel* sans distinction ni exception.

Le décret du 23 janvier 1852 porte que chaque officier de la Légion d'honneur (le nombre en est porté à 4,000, 16 mars 1852) émargera 500 fr.; commandeur, 1,000 fr.; grand-officier, 2,000; grand'croix, 3,000; médaille militaire, 100 fr.

Les généraux Magnan, d'Hautpoul, Baraguey-d'Hilliers et Arrighi sont faits grands-croix ; Levasseur grand-officier ; Marulaz commandeur ; de Rochebouët officier.

Du 6 décembre au 20 janvier 1852, il est accordé *huit cent vingt-trois* décorations, soit une moyenne de **18** par jour.

Aussi un décret du 16 mars 1852 porte qu'il ne sera plus fait qu'une nomination sur deux vacances.

4° L'ARGENT AUX CHEFS DU CLERGÉ

Le cardinal Fesch, grand aumônier, primat des Gaules (1) reçoit en dotation 300.000 fr. (Domaine extraordinaire, p. 563).

L'almanach impérial porte, outre 8 chambellans et *5 hérauts d'armes*, 1 grand aumônier pour la maison de l'Empereur, un premier aumônier et 2 aumôniers ordinaires.

Maison de l'impératrice : un premier aumônier.

M. Menjaud, grand aumônier, 100,000; évêque de Nancy, 25. Total, 125.000 francs.

L'almanach impérial comprend dès 1853 un grand aumônier, un second aumônier et 4 chapelains. En 1868, outre 6 veneurs, 10 écuyers et 35 chambellans, dont *21 honoraires*, on y trouve 8 aumôniers (1).

---

(1) Fils du Suisse Fesch, venu en Corse en 1763 avec le régiment suisse de Douard,

(1) Il est vrai que l'Almanach royal de 1789 atteint pour le roi, la reine, Mesdames Elisabeth, Adélaïde, Victoire, le comte d'Artois, etc., un total formidable de **78** aumôniers à la cour de France.

Tout cela explique bien des préférences monarchiques, et le goût du *droit divin*.

Les princesses (altesses impériales), chacune un aumônier.

6 prêtres du chapitre de Notre-Dame, dont un archiprêtre, sont chargés de desservir le *Panthéon*, transformé en église Ste-Geneviève.

En 1808, les Frères de la Doctrine chrétienne, dits *Ignorantins*, sont *autorisés* et admis dans l'Université.

6 archevêques ou évêques sont *faits* comtes en 1809 ; les cardinaux sont sénateurs de droit.

Le Clergé, « ce professeur d'obéissance passive », qui avec l'*Administration* et l'*Armée* constituait les *serres* de l'aigle ne pouvait qu'agréer en tant qu'il *pensait bien*(1).

Mandement du cardinal Cambacérès (Rouen) : « Les chefs des gouvernements « sont les oints du Seigneur, il est ordonné « d'honorer celui qui est Chef du peuple « comme il est ordonné de craindre Dieu. « Il est écrit : « Obéissez en tout à vos « maîtres temporels ».

(*M. Offic.*, 1er mars 1804).

(1) Quel est l'intérêt du clergé au Consulat à vie et à la longue vie de Bonaparte. Paris, Leclerc, 1802, in-8°, *Pièce*.

Le traitement des chanoines de St-Denis est porté à 10.000 fr. 25 mars 52.

Un chapitre de 6 membres avec titre de chapelain et un doyen est chargé de desservir le Panthéon, identiquement *redevenu* église Ste-Geneviève. Ils sont constitués : 1° pour prier Dieu pour la France et pour les morts enterrés dans les caveaux de «l'église»; 2° *pour se former à la prédication (sic)*. (*Off.* 29 mars 1852).

Création des aumôniers des dernières prières et des aumôniers de la flotte ; l'abbé Coquereau, chanoine de St-Denis, est nommé aumonier en chef de la flotte.

Pour toutes ces causes, le budget des cultes monte de 41 millions sous la République à 45 millions en 1852.

« Il est ouvert au ministère de l'intérieur un crédit de 190.000 fr. pour les dépenses du *Te Deum* du 2 janvier. Ce décret, daté du 29 décembre 1851, ne paraît à l'*Officiel* que le 10 janvier, *12 jours après* et — ce fait n'a été signalé nulle part — comme si l'on eût voulu cacher aux contribuables une aussi grosse dépense de prières.

5° L'ARGENT DE POCHE DU GOUVERNEMENT PERSONNEL

Après le 18 brumaire, Bonaparte ne porte les dépenses qu'après « l'exercice », et une fois faites, les budgets sont votés en quelques heures, mais surtout il dispose comme il le veut des contributions de guerre, l'emploi et la comptabilité en devinrent étrangères au Corps législatif et totalement inconnues de la nation.

Ce budget *personnel* est arrêté le 31 décembre 1810. A cette date, il s'était élevé à 754 millions et en possédait encore 321, dont 42 dans la caisse de service, 84 au trésor général, etc. (Thibaudeau, *le Consulat et l'Empire*, Paris, Renouard, 1834, p. 563).

Louis-Napoléon, qui avait fait porter ses émoluments de 600.000 fr. la première année à 1.490.000 la deuxième et 3.410.000 la troisième (J. Simon, *le 4 Septembre*, p. 14), passe en 1852 à une liste civile de 25 *millions*, plus 5 millions de revenu de la couronne. Total *trente millions*.

Le budget est fixé par simple décret en 1852. Après, il est voté pour la forme et en bloc par ministères.

Les fonds secrets, les nouvelles de Bourse, les concessions, autorisations, bons Jecker, renvois de classes par anticipation, etc., constituent une inépuisable source de — produits.

«L'empereur en disposait seul d'une manière souveraine» (Gautier — de la Maison de l'empereur, — *Etudes sur la liste civile en France*, Plon, 1882, p. 27).

La France est en concession de 18 ans.

En 1870, l'*Année terrible*, la famille impériale se retire paisiblement en Angleterre — après fortune faite.

Et peut-être est-ce là le poétique mobile et le but le plus élevé de quelques-uns des « sauveurs ».

6° MÊMES PRÉCAUTIONS DE « PUBLICITÉ » POUR SOUDER A SOI ET AFFICHER LES ADHÉRENTS

Liste des officiers de la 17e Division militaire qui ont concouru aux journées des 18 et 19 brumaire.

Des officiers qui se sont présentés ou ont offerts leurs services (il y en eut 70).

Adresses des officiers des 8e et 9e dragons (régiment Sébastiani).

Adresses du bataillon de Seine-et-Marne, 25 brumaire et des municipalités.

Adresse de Regnault de St-Jean-d'Angély (*Gaz. de France*, brumaire, p. 219) : « La France veut quelque chose de *grand* et de durable, elle ne veut pas la royauté, mais l'*unité* dans l'action du pouvoir, elle veut le Corps législatif libre, mais non possédé de l'esprit de jalousie des novateurs *turbulents*. »

Les adresses venues (en général des maires *nommés*), parurent partiellement au *Moniteur*, mais furent aussitôt imprimées in-extenso (aux frais des contribuables) en 3 gros volumes in-4° de 1200 pages chacun, papier de luxe.

La table de ce « Monument » attribue 484 adresses à la Dordogne, 114 à l'Aisne. La Seine n'en a que 82, Rhône 31, Bas-Rhin 47, Doubs 19, Tarn 16, Loiret 12, Gironde 11, Deux-Sèvres 7, Pyrénées-Orientales, 3.

La Corse n'en produisit que 112, dont une en vers latins par un instituteur, une en vers italiens par un curé.

7° MÊME LOYAUTÉ DES PLÉBISCITES
LES VOTES RÉTRO-ACTIFS ET SECRETS

Art 2.—Aussitôt après la réception de la Constitution, les juges de paix ouvriront deux registres, l'un d'acceptation, l'autre de non-acceptation.

Art. 5. — Les registres clos et arrêtés seront envoyés au ministre de l'intérieur.

Le Ministre de l'intérieur trouva :

3.011.007 acceptations,

Et 1.562 refus seulement (1).

Pour le Coup d'Etat à approuver *retroactivement* : « Les maires de chaque commune ouvriront (*identiquement*), deux registres sur papier libre, l'un d'acceptation, l'autre de non acceptation. Les citoyens consigneront leurs votes avec *mention de leurs noms et prénoms*. »

(Fait *(d'avance)* au Palais de l'Elysée, le 2 décembre 1851.)

Le 5 décembre, ordre de voter par *oui* ou par *non*.

« Je n'ai pas hésité à changer un mode de votation emprunté à des « précédents historiques », mais qui n'a pas *paru* assurer

---

(1) Sans doute ces votes de « proscription » et le droit des préfets de révoquer tout fonctionnaire, toutes mesures *confidentiellement* recommandées de la plus grande urgence, furent *officiellement* décommandées à l'*Officiel* 5 ou 6 jours après, mais ce laps semble avoir suffi en 1851, surtout — pour le « résultat ».

Pour les Constitutions de 1793 et 1795, où le peuple fut consulté sans qu'il y ait eu au préalable dissolution à la baïonnette des Assemblées élues par le pays, il semble qu'on n'ait pas compté si fort.

Le scrutin donna :

	1793	*1795 (An III)*
Acceptations,	1.801.918	1.057.390
Refus,	11.610	49.977

(*Décade philosophique*, brumaire an VIII).

Il est équitable d'avouer qu'en l'an III le suffrage était restreint, mais en l'an II de la République (1793), il fonctionna dans son intégralité.

suffisamment l'indépendance des votes ».

Du 2 au 5, l'Armée avait voté sur registres et c'était le gros de l'affaire.

« En vertu du plébiscite, les officiers, sous-officiers et soldats *dont les noms suivent* ont répondu *affirmativement* ou *négativement*. (*M. Off.*, 3 décembre, p. 3019.)

Il y eut dans les armées de terre et de mer 321.279 acceptations.

42.752 républicains signèrent fièrement leurs noms et prénoms pour la Loi. — Honneur à eux.

Le scrutin du 20 décembre *dépouillé* par la Commission consultative Baroche donna 7.481.231 oui, 647.797 non, 37,107 billets nuls.

Ce n'est pas le résultat incomplet proclamé en hâte le 1er janvier et que presque tous les ouvrages historiques (même celui de Ténot) ont reproduit — mais le *réel*. (Voir *M. Off.* du 15 janvier 52).

APRÈS LE COUP   2ᵉ PARTIE

1° PARALLÈLE DES CONSTITUTIONS

A RÉVISER	COMMENT ON LA RÉVISA
Constitution de l'an III	*par la* **Constitution de l'an VIII**
en 377 articles (5 fructidor)	*en 95 articles (25 frimaire)*

A RÉVISER

Constitution de l'an III

en 377 articles (5 fructidor)

Deux Conseils élus par le vote des assemblées primaires et électorales.

Imcompatibilité entre les fonctions de membre du Corps législatif et l'exercice d'une autre fonction publique.

Le Corps législatif est permanent.

Les séances des deux Conseils sont publiques, les procès-verbaux des séances imprimés.

Le Conseil des Cinq-Cents a exclusivement le droit de proposition des lois.

Les deux Conseils sont renouvelés tous les ans par *tiers*.

(Moyen d'éviter les crises et de suivre le niveau de l'opinion — par un *flotteur*.)

Il n'y a ni privilèges, ni noblesse, ni jurandes, ni *limitation* à la liberté de la pensée du commerce, de l'industrie et des arts.

Aucun des pouvoirs constitués n'a le droit de changer la Constitution dans son ensemble ni pour aucune de ses parties sauf le cas légal de révision ci-après.

MOYEN LÉGAL DE RÉVISION

Quand dans une expérience de neuf années la proposition des Anciens, ratifiée par les Cinq-Cents de la révision de quelques articles de la Constitution aura été faite à trois époques éloignées l'une de l'autre de trois années au moins, une Assemblée de révision est convoquée.

QUI AVAIT VOTÉ LA CONSTITUTION

La Convention de 750 membres élus.

Après discussion publique de trois mois.

COMMENT ON LA RÉVISA

par la Constitution de l'an VIII

en 95 articles (25 frimaire)

Nomination par Bonaparte de trente-un Sénateurs, *au choix* (la *majorité*) qui en *choisissent* vingt-neuf autres. Puis tous sur des listes formées par les départements *choisissent* les trois cents membres du Corps législatif.

Pas d'incompatibilités.

La session ne dure que quatre mois.

Les séances ne sont pas publiques.

Il n'est promulgué des lois que quand le projet en est déposé par le Gouvernement, le Corps législatif vote au *scrutin secret* et sans aucune discussion.

Les Sénateurs sont inamovibles et à vie, les Députés nommés pour six ans.

Mort des libertés publiques, Presse, réunions, associations.

Loi de sûreté générale, 1801.

Possibilité de *rallonges* à la Constitution par d'innombrables *Senatus consultes*.

Dès le 4 août 1802, Consulat à vie, puis ces *revenants* :

Dignités de cour, dotations, majorats, noblesse, Concordat, Empire héréditaire, Sénateurs portés de 60 à 143, cumul sans bornes, etc.

MOYEN VIOLENT

De ceux qui demandent *Dissolution* et *Révision* pour réviser comme ci-dessus.

Le *Pronunciamento* du *18 Brumaire*.

QUI RÉVISA

Une commission consultative de cinquante membres nommés au *choix* parmi les députés restés *fidèles*.

C'est-à-dire Bonaparte lui-même,

En un mois.

LES CHATIMENTS

A REVISER ET RÉVISÉES

A RÉVISER

Constitution de 1848

en 116 articles (4 novembre)

Nul ne sera distrait de ses juges naturels.

La République francaise est démocratique, une et indivisible, elle doit mettre à la portée de chacun l'instruction indispensable à tous les hommes.

Les citoyens ont le droit de s'associer, de s'assembler paisiblement, de pétitionner, de manifester leur pensée par la voie de la presse ou autrement.

La Constitution garantit au citoyen la liberté du commerce et de l'industrie ; la Société, favorise l'instruction primaire gratuite, les institutions de prévoyance et de crédit, les rapports d'égalité entre le patron et l'ouvrier.

La confiscation des biens ne pourra être rétablie.

Une seule Chambre de 750 représentants.

Incompatibilité avec toute fonction publique rétribuée, indemnité législative à laquelle nul ne peut renoncer de *25 francs par jour*.

L'Assemblée est permanente.

Le Président ne peut céder aucune partie du territoire, ni dissoudre, ni proroger l'Assemblée nationale, ni suspendre en aucune manière l'action de la Constitution et des lois.

RÉVISION LÉGALE

Art. III. — Le vote de Révision exprimé par l'assemblée ne sera converti en résolution définitive qu'après *trois* délibérations prises chacune à un mois d'intervalle et aux trois quarts des suffrages exprimés.

QUI LA VOTA

Les représentants du Peuple par 739 voix aux cris de « Vive la République, Vive la Constitution ». Après discussion publique de deux mois.

COMMENT ON LA RÉVISA

Par la Constitution de 1852

en 58 articles (15 janvier)

Les Commissions mixtes, loi de sureté générale.

Mort de toutes les libertés.

Confiscation des biens de la famille d'Orléans, restitués par la troisième République.

Un Sénat nommé au *choix* composé dès 1853, de 5 maréchaux, 7 amiraux, 6 cardinaux, 46 généraux, 63 anciens fonctionnaires ou magistrats.

Tous les 157 avec cumul de traitement.

Les fonctions de Sénateur sont gratuites, *mais* le Président de la République peut leur accorder une dotation personnelle qui ne pourra excéder *30,000 fr.*

Il l'accordait à tous et tenait leur *dévouement* par ces *82 francs par jour*.

Un Corps législatif de 261 députés (beaucoup de départements n'en avaient que 1 ou 2, Paris 9), n'ayant droit, ni d'initiative des lois, ni d'interpellation, ni même d'*amendement* (qui devait être préalablement agréé par le Conseil d'Etat).

Le Président convoque et proroge la Législature quand il le veut.

Même faculté *de rallonges indéfinies, dites perfectionnements*, par *Senatus consultes*.

« Empire héréditaire, dignités de cour, dotations, sureté générale, etc.

RÉVISION « MANU MILITARI »

Le Pronunciamento du 2 *décembre.*

QUI RÉVISA

Une Commission consultative choisie par Louis Napoléon.

Comprenant tous les ministres, 25 anciens ministres, 18 généraux, 1 colonel, 6 anciens préfets.

C'est-à-dire *Louis Napoléon lui-même.*

En un mois.

Comme on le voit, le « procédé » est identique.

Assurances vagues à tous les partis, pour les *concentrer*, promesses de « la Paix » et d'un bonheur « d'âge d'or » aux paysans et ouvriers — qui seront demain des sujets.

Un Sénat *choisi* qui vote ce qu'on veut et *rallonge* les Constitutions « sur mesure » par Sénatus consultes obédients.

Une Chambre *choisie* un peu plus indirectement « par la candidature officielle », mais votant bien, et, au cas extraordinaire d'indépendance, impuissante par défaut d'initiative de proposition ou d'amendement des lois.

Et derrière cette Législature, « qui fait les gestes », pour ainsi dire, derrière ce Parlement de pure mimique, qui boucle les budgets en « commis ».

Un seul homme — le *Gagnant* (1).

Voilà comment les Plébiscitaires ont historiquement revisé les Constitutions ; Mignet l'a dit : « Ils se substituent dans tout l'héritage d'un Peuple. »

2° MORT IDENTIQUE DE LA PRESSE

« Par ordre du Gouvernement, les commissaires de police, officiers de paix et leurs inspecteurs ne laisseront circuler, vendre et distribuer dans Paris ou sortir de cette commune que les journaux ci-après, etc.

Le Ministre de la police fera un rapport sur les feuilles qui s'impriment dans les départements.

Un timbre de 3 à 5 centimes est frappé sur le papier destiné aux journaux. (29 pluviôse, an VIII.)

Seront supprimés *sur le champ* ceux qui insèreront des articles contraires au respect dû au pacte social.

« Le silence en dehors de lui devint une partie considérable de sa force. »

Par arrêté du 17 janvier 1800, les journaux, ces « clubs à domicile » sont réduits à 13. Les autres, au nombre de 73, furent supprimés sans autre forme de procès.

Aucun journal ne pourra être créé sans autorisation et cautionnement, *en numéraire*, de 50,000 francs pour Paris, avec timbre de 6 centimes ; 25,000 francs pour les départements et timbre de 3 centimes. Les tarifs de poste antérieurs à la loi de 1850 sont remis en vigueur.

Les journaux ne doivent reproduire que le compte rendu officiel des Chambres ; ils insèreront en tête et gratuitement les communications de l'autorité.

Le gérant devra acquitter les condamnations dans les trois jours ; la condamnation pour crime entraîne la suppression du journal, la suppression temporaire peut être prononcée par mesure de sûreté générale. En cas de contravention, l'imprimerie sera fermée (17 février 1852).

Les décrets du 2 mai 1848 et 7 août 1850 sur la Presse aux colonies sont abrogés.

Les délits de presse et de paroles passent des assises, « où la répression est moins efficace », à la connaissance des tribunaux correctionnels (31 décembre).

Les livres de langue anglaise ne pourront être importés que par les bureaux ouverts aux livres de langue française.

L'Indépendance belge n'entre plus en

---

(1) Le « Prince Président » dépassa tous les précédents par cet article 58 de sa Constitution : « Les décrets rendus à partir du 2 décembre 1851 jusqu'à l'époque où les grands Corps de l'État seront constitués, *auront force de loi.* » Cette législature d'un seul *législateur* dura **4 mois**. (V. *M. Off.*, décembre-fin mars). Il ouvrit des crédits pour *112 millions* et légiféra 29 décrets à sa guise.

En 1811, les journaux politiques quotidiens ne sont plus que — *quatre*.

Un décret du 3 août 1810 portait qu'il n'y aurait, dans chaque département, qu'un seul journal, lequel était mis sous l'autorité du préfet et ne pouvait paraître sans son autorisation.

> (*Bibliographie de la Presse périodique,* Hutin, Paris, Didot, 1866.)

France du 3 au 31 décembre ; plus tard, elle est chaque jour « expurgée » par la censure. (Voir collection Bibliothèque nationale.)

13 février 1852. Les communes recevront, en échange du *Bulletin des lois*, une feuille rédigée par les soins et sous la surveillance du ministre de l'intérieur, le prix en sera acquitté par les communes comme *dépense obligatoire.*

3° MORT IDENTIQUE DES LIBERTÉS PUBLIQUES

Le Bureau central du canton de Paris est destitué.

Les douze municipalités étant suspendues, les mariages ont été célébrés décadi dernier par les commissaires.

> (*Le Parisien,* 22 brumaire, an VIII.)

La Commission exécutive envoie dans chacune des 25 divisions militaires un commissaire *choisi* parmi les députés *ajournés,* et qui sera chargé de l'*épuration* des autorités constituées.

Ils pourront changer ceux de ces fonctionnaires qui leur paraîtront peu propres à *seconder* les vues du gouvernement. »

Abolition du Tribunat en 1807, « le mot tribune choquait ».

Un tribunal de cassation prend droit de censure et de suspension sur les juges.

Les juges inamovibles sont soumis, en 1807, à l'*examen* d'épuration, et un Sénatus-Consulte à souhait établit que *66* de ces magistrats doivent cesser leurs fonctions.

Les Bourses décernées au Concours dans les 100 Ecoles centrales de la République sont distribuées au *choix* et pour création d'une clientèle, dans les 32 lycées qui les remplacent.

Les catéchismes et livres d'instruction sont accommodés par la *Direction de l'esprit public.*

Une Commission municipale et départementale *choisie* par le gouvernement remplit les fonctions de *Conseil général et de Conseil municipal de Paris* (27 décembre 1852).

Le décret du 28 juillet 1848 sur les clubs est abrogé ; les réunions publiques de quelque nature qu'elles soient seront régies par la loi du 10 avril 1834.

Les conseils de prud'hommes de Lyon et de Saint-Etienne sont replacés sous le régime antérieur aux décrets du 27 mai 1848, et remis sous la loi de *1806* (5 mars 1852).

« L'inamovibilité de la magistrature a besoin d'être renfermée dans certaines limites. » Quand un inamovible aura été frappé par mesure disciplinaire de suspension provisoire, il *pourra* être déféré à la Cour de Cassation, qui *pourra* le déclarer *déchu* (3 mars).

De même, l'inamovibilité de la Cour des Comptes est abolie.

Pour les *Tribunaux de commerce,* le décret de 1848 est abrogé ; on les replace sous le régime du 6 octobre 1809.

Les juges seront élus par les *notables.*

Ministre à préfets. « La loi vous attribue, en ce qui concerne la confection des listes de *notables,* un pouvoir *absolu* ». (M. off. 19 mars 1852.)

Une *Loi de sûreté générale* du 3 nivôse permet de se débarrasser de l' « état major des Jacobins », qu'on éparpille à Cayenne, à « Anjonan (côte d'Afrique) et aux Seychelles » (1).

Enfin en 1810, Napoléon impose pour président au Corps Législatif son grand chambellan, — semblant ainsi confondre la Chambre et l'antichambre.

____

(1) Presque tous y moururent (Destrem, *les Déportations du Consulat et de l'Empire*, Paris, Jeanmaire, 1885).

La connaissance de tous les faits se rattachant à l'*insurrection* du 3 décembre et jours suivants à Paris, et dans 32 départements, est déférée à la juridiction militaire (10 décembre).

Enfin en 1858, *Loi de sûreté générale*, art. 2 : « Tout individu qui aura pratiqué des *manœuvres* ou entretenu des *intelligences* à l'intérieur ou à l'étranger, etc. »

Ces mots *extensibles* permettaient à la *Lettre de cachet* (1) « de rentrer dans le droit ».

____

(1) Le D' Clémenceau, de Nantes, n'y échappa qu'avec peine ; il y eut environ 2,000 arrestations, presque toutes *de nuit*. (Tenot, p. 263.)

4° MORT IDENTIQUE DE LA LIBERTÉ INDIVIDUELLE

Les récidivistes *admistrativement* condamnés à la déportation sans jugement préalable se rendront à la Police, où on leur assignera la commune où ils doivent résider et rester en surveillance.

Au cas de départ, ils seront considérés et poursuivis comme émigrés (peine de mort).

Il y a des ordres d'arrêter le général Moulin, du Directoire, quelque part qu'on le trouve.

Clémenceau, Vatar, Lebois et le général Sabbatier ont été arrêtés (26 Brumaire).

Depuis deux jours, on voit sur les murs de Paris la pièce suivante : « Les Consuls, en vertu de la loi du 19 Brumaire, qui les charge spécialement de rétablir la *tranquillité* en France, décrètet : « *38* représentants sont envoyés dans le département de la Guyane française », *22* autres sont internés sur le territoire de la Rochelle, pour y être mis en surveillance (îles de Ré et d'Oléron).

L'Esclavage, aboli par la première République (et qui devait l'être *à jamais* par la

Pour tout fonctionnaire ou officier, le refus du serment sera considéré comme une démission (9 mars 1852),

La transportation à Cayenne ou en Algérie pendant 5 ans au moins (5 ans de Cayenne *suffisaient*) sera applicable aux individus ayant fait partie d'une société secrète (8 décembre).

« 26,500 clubistes purent ainsi être transportés ou chassés. » Granier de Cassagnac.

« Les voyageurs de commerce se livrent à une propagande *anarchique*, ils seront surveillés avec le plus grand soin. » (13 janvier 1852.)

19 janvier 1852. Sont expulsés du territoire français 67 représentants dont les noms suivent :

Madier de Montjau, Schœlcher, Testelin, Nadaud, Victor Hugo, Charras, Valentin, Raspail, etc.

M. off. 21 janvier 1852. Il est ouvert un crédit de 3,597,000 francs pour frais de déportation à la Guyane, « pays que la nature a doté, il est vrai, de rares avantages », écrit le ministre de la marine

seconde) est, le 20 mai 1802, rétabli dans les colonies.

---

(1) Le colonel Charras, un alsacien de Phals-bourg, répondit à l'amnistie de 1859 :

« L'officier que vous avez spolié ne vous am-nistie pas. Je ne vous pardonne pas l'attentat à la Constitution que vous aviez jurée et la destruc-tion de la République qui vous avait rendu la Patrie. »   Zurich, 21 août 1859.

Ducos, dont on a vu la formule de signa-ture « en révérences ».

20 janvier 1852. Colonel Charras (1); Mil-liotte, Cholat, capitaines d'artillerie, tous trois élèves de l'Ecole polytechnique, et *Valentin* (le valeureux préfet de Strasbourg en 1870) sont rayés des contrôles de l'Armée.

5° GRATTAGE DES SOUVENIRS DE LA RÉPUBLIQUE (USAGES, COSTUMES, FORMULES) VIRILITÉ ET SERVILITÉ

« Le Bureau central du canton de Paris fera disparaître des enseignes, tableaux et écriteaux les expressions barbares, *grossières* ou ridicules qui peuvent s'y rencontrer.

A l'avenir on sera tenu de donner copie fidèle des signes et emblèmes et de les mo-difier ainsi que le prescrira le permis (1er frimaire, an VIII).

« Les mots citoyen et citoyenne se dé-modent ; dans les proclamations, *citoyen* est remplacé par *sujet*.

On n'osa supprimer que plus tard des rues de l'Égalité, des Droits de l'Homme et de la Fraternité, « mots encore *vénérés* ».

Le 1er Janvier 1801 retour par décret du calendrier *républicain* au calendrier grégo-rien.

La fête nationale est fixé au 15 août, anniversaire de la naissance de Napoléon.

L'Almanach impérial de 1809 catalogue :

5 princes.

23 ducs.

203 comtes, dont 112 sénateurs.

241 barons.

Toutes les villes reçurent des armoiries.

Sur les hôtels on peignait, par ordre : *hôtel de M. le Prince de...*, *hôtel de M. le Comte de...*, etc.

Le triangle rouge peint sur les enseignes des cafetiers, restaurateurs et coiffeurs se *qualifiant* d'Association fraternelle, ont dû disparaître devant la proclamation de l'état de siège. (*M. off.*, 7 décembre.)

Identiquement :

Les emblèmes *Liberté, Egalité, Fraternité* n'ayant paru qu'à des époques de troubles et de guerres civiles, on effacera leur ins-cription *grossière* sur les édifices publics.

(*M. Officiel*, 6 janvier 1852.)

Considérant que la *République* française, proclamée par le suffrage universel, peut adopter, *sans ombrage*, les souvenirs de l'Empire, l'aigle est rétabli sur les dra-peaux. (1er janvier.)

La rue de la Concorde, devient rue Royale ; le Palais National, Palais Royal.

A l'avenir sera seule reconnue et célébrée comme fête nationale l'anniversaire du 15 août.

On ne lit au *Moniteur Officiel*, avant le 15 janvier, que *M. le Président*, ce jour-là, M. Fortoul *trouve* le « *monseigneur* » qui devient de règle, mais il est dépassé « en respect » par la formule suivante — comme en prosternations succcessives — qu'il faut lire de ses yeux dans le *Moniteur Officiel* du *21 février 52* :

J'ai l'honneur d'être,

Monseigneur,

Avec un profond respect,

Votre très humble, très dévoué serviteur:

Le Ministre de la marine,

Théodore Ducos,

IDENTIQUE COURONNEMENT DE L'ÉDIFICE ET DE « L'HOMME »

Identiquement, le 2 décembre 1804 et le 2 décembre 1852, le Sénat, le Conseil d'État et le *Corps législatif* — car ce dernier ne venait qu'en troisième lieu — accourent spontanément pour *offrir l'Empire* aux deux hommes du **Coup d'État.**

Protestation de **Carnot** au Tribunat : « Aujourd'hui se découvre enfin d'une manière positive le terme de tant de mesures préliminaires. Vous dites que Bonaparte a restauré la liberté publique, est-ce donc une récompense à lui offrir que le sacrifice de cette même liberté. » (Lanfrey, 3e, v. p. 173.)

« J'ai entendu le consul Cambacérès prononcer gravement ce mot : « Sire », que je n'avais jamais entendu adresser à personne. Des larmes ont brillé, quoique contenues dans certaines paupières. » (Lettre du député Briot, 1804.)

Billault, président du Corps législatif, 300.000 francs : « Sire, prenez des mains de la France cette couronne qu'elle vous offre ».

Mesnard, vice-président du Sénat, francs 150.000. « Des millions de voix vous défèrent cette couronne impériale, récompense de votre mérite ».

À quoi Louis Napoléon osa répondre : « Le nouveau règne que vous inaugurez n'a pas pour origines, comme tant d'autres, la *violence, la conquête ou la ruse* ».

6° LES CHATIMENTS POUR « L'HOMME »

Sainte-Hélène.

Mort prématurée, à peu près au même âge (20 et 22 ans), du roi de Rome à Vienne

Trahison du *Marmont* du 18 brumaire à Essonne.

Défection du Sénat servile qui, le 3 avril 1814, motive durement la *Déchéance.*

« Considérant qu'il s'est toujours servi de la presse pour remplir la France et l'Europe de faits controuvés de doctrines favorables au despotisme, qu'il a anéanti la responsabilité des ministres, confondu tous les pouvoirs et détruit l'indépendance des corps judiciaires.

« Qu'il a fait abus de tous les moyens qu'on lui a confié en hommes et en argent, etc.» Siéyès, Fouché, Talleyrand, Roederer, les Cornudet et Cornet, de Brumaire, votent ce dernier des Sénatus-Consultes.

Sedan, Wilhelmshöhe.

Et celle plus douloureuse encore du Prince Impérial à Ululundi (Zululand).

Trahison de Bazaine à Metz.

Le Sénat ne vote le 4 septembre, ni la permanence, ni séance de nuit, personne ne songe à le violenter.

Il rentre chez lui.

Dès le milieu de la séance, le Président Rouher devient introuvable. A 3 heures, le Préfet de Police, Piétri, s'est garé dans le train de Bruxelles.

L'Impératrice (une *femme* abandonnée par tous ces *hommes*), est obligée de fuir presque seule.

Déchéance votée par l'Assemblée de Bordeaux — à l'unanimité moins 6 voix — le 1er mars 1871.

LES CHATIMENTS POUR « LA FRANCE » QUI S'EST ABANDONNÉE « A UN HOMME »

15 ans de despotisme.	18 ans de despotisme.

1ʳᵉ et 2ᵉ invasions.

LA FRANCE DES TRAITÉS DE 1815
(20 novembre)

500.000 habitants de moins que sous la vieille monarchie.

Et 4 villes perdues.

Saarlouïs, qui ouvre la vallée de la Marne.

Philippeville, celle de l'Oise.

Landau, celle du Rhin.

On démantèle Huningue, qui gardait le pont de Bâle, la trouée de Belfort et l'entrée de la Seine.

Ces *3 brèches* ouvraient la frontière de Louis XIV.

(Lavallée, *Histoire des Français,* 6ᵉ vol., p. 420.)

750 millions de frais de guerre.

750 millions d'occupation étrangère (1).

500 millions consommés du 1ᵉʳ mars 1815 au 15 janvier 1816.

Voilà le bilan de cette fatale époque.

3ᵉ invasion

LA FRANCE DU TRAITÉ DE FRANCFORT
(10 mai 1871)

La France a perdu :

1.597.538 frères d'Alsace-Lorraine.

1.689 communes.

1.451.174 hectares.

Cinq milliards d'indemnité de guerre

Cinq autres milliards d'indemnité, de réquisition, de matériel et fortifications pour la frontière nouvelle, de frais de guerre (6 mois) et d'occupation de l'étranger (2 ans et demi) (1).

Ce ne fut que le 16 septembre 1873, à midi, que le dernier soldat allemand franchit la frontière française.

---

(1) Sorel, *le Traité de Paris,* Germer-Ballière, 1872.

(1) Valfrey, *le Traité de Francfort.* Paris, Amyot, 1874.

CONCLUSIONS DU « JACQUES BONHOMME » DE L'ÉPOQUE

— Eh bien, qu'y a-t-il dans la Constitution ?

— Il y a Bonaparte. (*Gazette de France,* 26 frimaire an VIII).

« *C'est du fumier retourné* (Iung, *Bonaparte et son temps,* p. 332.)

« *Ils travaillent pour leurs poches.* »

Quant aux **Conclusions actuelles,** — après la fausse sortie dans la Charente de M. Déroulède, la succession du général Boulanger acceptée un instant dans la Dordogne par le général du Barrail (1) et la récente candidature plébiscitaire dans l'Ardèche.

Nos lecteurs de profession libérale, industrielle ou commerciale, et — ces frères préférés — les Ouvriers des villes ou des champs, Travailleurs de l'atelier ou du grand soleil, ont « Jury national » assez d'intelligence pratique pour les tirer eux-mêmes de ces « Assises » sans plaidoyer, — après audition et confrontation des témoins.

---

(1) Au sortir de l'Armée beaucoup de généraux, Ameil, L'Hérillier, Boulanger, Lacretelle, du Barrail, etc., se démasquent volontiers candidats Plébiscitaires.

C'est l'indice d'un péril relatif, car il est possible que ces tenants « de l'*Ordre* » aient fait avancer plus d'élèves de la rue des Postes que de républicains solides. Or, ce n'est pas l'Armée, cette humble martyre des « abus de confiance de l'obéissance passive », — ce sont les généraux qui font les Coups d'Etat.

PARIS — IMPRIMERIE ED. ROUSSET ET Cie, 7, RUE ROCHECHOUART.

DIVISIONS ET TABLE DES MATIÈRES

CHAPITRE I

Avant le Coup d'Etat

Pages

Rapetissement graduel des sauveurs de la République. — Leurs antécédents. — Ceux qui les combattent. — Ceux qui les soutiennent .... 1 et 2

§ I. — Préparation identique de l'Opinion

Même merveilleux et Légendes. — Même crainte simulée d'un Péril social. — Crainte réelle. — Même modestie, les « Propriétaires de la France ». — Bonne foi identique.— Même masque républicain pour supprimer la République. — Assez peu de franchise française. — Même parti-omnibus pouvant concentrer tous les partis « contre la République » — Identité de publicité-réclame pour frapper le nom et l'image dans les masses — Les voyages plébiscitaires.. 3 à 12

§ II. — Préparation des groupes d'Action et de l'Action

L'argent inconnu. — Préparation des Sociétés d'action, des Préfectures, de la Justice et surtout des Commandements militaires.. 13 à 18

CHAPITRE II

Pendant le Coup d'Etat

Comment on appelait les Républicains : Avant et après. — Même abus de confiance de l'obéissance passive. — Campagnes à l'Intérieur. — Mêmes grands périls personnels et même loyauté de proclamations.— Même Jacquerie dans les départements. — Théâtre et identité d'attitudes de théâtre pour le Public.-Résultats plus solides.-DICTATURE 19 à 24

CHAPITRE III

Après le Coup

L'argent d'abord.—L'honneur et l'argent aux chefs « spécialistes » de l'Armée. — Le goût de l'argent dans l'Armée.— L'argent aux chefs du Clergé. — L'argent de poche — Même précautions de publicité.— Même loyauté des Plébiscites.. 24 à 29

CHAPITRE IV

Après le Coup d'État (2ᵉ partie). — Les Châtiments

Comment on révisa les Constitutions

Parallèle des Constitutions à reviser de l'an III et de 1848.— *Revisées* en celles de l'an VIII et de 1852 — Mort identique de la Presse, des Libertés publiques, de la Liberté individuelle.— Grattage des souvenirs de la République.— Les Châtiments pour «l'Homme».— Les Châtiments pour la France. — Conclusions.. .... 29 à 36

Paris. — Imprimerie Ed. ROUSSET et Cie, 7, rue Rochechouart.